广东省中小学"百千万人才培养工程"
初中理科名教师培养项目丛书

丛书总主编：于 慧 李晓娟

# 问题引领探索
# 情境促进思考

## 基于真实问题情境的初中化学教学设计研究

蔡世峰 著

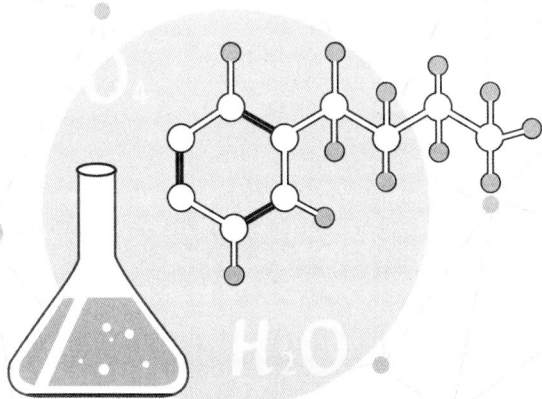

暨南大学出版社
JINAN UNIVERSITY PRESS

中国·广州

图书在版编目（CIP）数据

问题引领探索 情境促进思考：基于真实问题情境的初中化学教学设计研究/蔡世峰著．—广州：暨南大学出版社，2024.4

（广东省中小学"百千万人才培养工程"初中理科名教师培养项目丛书/于慧，李晓娟总主编）

ISBN 978 - 7 - 5668 - 3897 - 1

Ⅰ.①问⋯　Ⅱ.①蔡⋯　Ⅲ.①中学化学课—教学设计—研究—初中　Ⅳ.①G633.82

中国国家版本馆 CIP 数据核字（2024）第 071830 号

问题引领探索　情境促进思考：基于真实问题情境的初中化学教学设计研究

WENTI YINLING TANSUO QINGJING CUJIN SIKAO：JIYU ZHENSHI WENTI QINGJING DE CHUZHONG HUAXUE JIAOXUE SHEJI YANJIU

著　者：蔡世峰

出 版 人：阳　翼
统　　筹：黄　球　潘江曼
责任编辑：曾鑫华　张馨予　黄亦秋
责任校对：刘舜怡　陈皓琳
责任印制：周一丹　郑玉婷

出版发行：暨南大学出版社（511434）
电　　话：总编室（8620）31105261
　　　　　营销部（8620）37331682　37331689
传　　真：（8620）31105289（办公室）　37331684（营销部）
网　　址：http：//www.jnupress.com
排　　版：广州良弓广告有限公司
印　　刷：广州市金骏彩色印务有限公司
开　　本：787mm×1092mm　1/16
印　　张：12.25
字　　数：230 千
版　　次：2024 年 4 月第 1 版
印　　次：2024 年 4 月第 1 次
定　　价：49.80 元

# 序

  清远市连南瑶族自治县教师发展中心的蔡世峰老师是广东省中小学"百千万人才培养工程"初中理科名教师培养对象，我是他的指导导师，他的专著即将出版，邀我作序，甚喜，欣然应允。

  基于真实问题情境的教学对落实化学学科核心素养有着重要意义。《义务教育化学课程标准（2022 年版）》中倡议采用学习情境开展教学，山区学校落实《义务教育化学课程标准（2022 年版）》中的情境素材要求，设计与当地社会、生活密切相关的真实情境问题，充分利用当地环境中可获取的器材，引导学生开展探究实验，对于激发学生的好奇心、想象力和探究欲，提高山区初中化学的教学质量，促进教育均衡发展具有重要意义。

  山区学校的学生由于受到环境的限制，知识面相对窄一些，如果教师只是利用课本的素材进行教学，那么有相当多的知识点在讲授的时候，学生理解起来会比较困难，所以通过创设真实问题情境来教学会取得更好的效果。现在教学都是围绕学生的核心素养开展的，考试的素材大部分来源于生活，而山区学生身边的生产、生活中有很多事例都与化学密切相关，若能根据学生已有的经验和知识，选取学生感兴趣的生活事例、社会热点问题、化学史实以及高新科技等作为素材创设情境，就能营造出有利于学生认知的情感环境，从而调动学生的积极性和主动性，激发学生的学习动机和学习兴趣，并对教学过程产生引导、定向、支持、调节和控制作用。因此，为山区学生创设真实问题情境的初中化学教学，可以极大程度地调动学生学习化学的积极性。

  蔡老师一直在粤北山区任教，他的工作室一直致力于研究真实问题情境教学。在他的带领下，短短几年，工作室便取得了不错的成绩，他们认为山区教师可以通过观察和挖掘生活中的化学现象，引导学生运用化学知识去解释和解决生活中的问题，如引导学生探究厨房中的调味料、洗涤用品；引导学生了解生活中常见的化学知识，增强学生的学习兴趣和动力，培养学生的实践能力和创新思维。

  这本书给了化学教师很多的教学建议，如建议化学教师通过开展化学实验，组织实地调研、考察等实践活动，加深学生对化学学科的认识和理解；建议将化学元素与人体健康的教学设计与学生生活相关联，将金属的化学性质与当地的矿产、金属相关联，能够帮助学生基于真实情境构建知识网络；建议引导学生从生活中寻找可以用于化学实验的材料和工具，如用鸡蛋壳代替碳酸钙，用小苏打代替碳酸氢钠，利用食盐探究盐的性质和生理作用等；建议教师引导学生思考生活中有哪些材料或工具可以用来代替实验室中的药品和器材，从而开展实验探究，学生通过寻找生活中的实验材料，不仅可以更好地理解化学知识，同时也能够更好地认识到化学与生活之间的联系；建议教师结合当地农业和林业的实际情况，引导学生了解当地农作物种植过程中使用化肥和农药对农作物产量的贡献及其对环境和人体健康的影响，培养学生的辩证思维和批判性思维能力。

本书阐述了新课改背景下山区初中化学教师如何利用当地生活、生产中的真实问题情境进行设计教学，利用身边的简易器材开展探究实验，分享了教学设计策略和一些优秀案例。本书内容丰富，力图向读者介绍《义务教育化学课程标准（2022年版）》中提出的情境素材的利用，从而落实核心素养的培养，同时融入了大量的最新研究成果和案例，提高了本书的阅读价值。

作者从山区初中化学教学的实际情况出发，针对山区教学的资源匮乏、师资力量不强、学生基础薄弱等实际困难，有针对性地提出一些基于真实问题情境的有效教学策略，为读者提供了丰富的教学示范，本书可以作为山区初中化学教师教学的重要参考。

在此，我非常乐意推荐本书给广大初中化学教师，因为本书对初中化学教师如何开展真实问题情境教学、如何提升学生的化学学科素养能起到一定的借鉴和启示作用。希望广大初中化学教师能从本书中得到启发，为初中化学教学事业做出更大的贡献。

张秀莲

2023年12月

（张秀莲，博士，广东第二师范学院教授，广东第二师范学院化学与材料科学学院院长）

# 前　言

《义务教育化学课程标准（2022 年版）》在"课程实施"中指出：真实、生动、直观而又富有启迪性的学习情境，能够激发学生的化学学习兴趣，引发学生的思考，帮助学生建构大概念和核心概念，促进学生核心素养的发展。在教学中，若教师能根据学生已有的经验和知识，选取学生感兴趣的生活事例、社会热点问题、化学史等作为素材创设情境，就能营造出有利于学生认知的情感环境，从而调动学生的积极性和主动性，激发学生的学习动机和学习兴趣。因此，如何通过创设真实问题情境进行初中化学教学，是值得我们广大初中化学教师研究的课题。

本书包括五个章节，对初中化学教学的多个方面进行了深入的研究和探讨。第一章探讨了在新课标背景下，山区初中化学教学的发展状况、趋势及其重要性。第二章详细研究了在山区初中化学教学中，如何有效地创设真实问题情境。第三章则是在真实问题情境的基础上，提出了一些行之有效的初中化学教学设计策略。第四章深入探讨了基于真实问题情境的初中化学教学设计路径，详细解析了如何基于化学实践、化学思维、化学语言、化学游戏以及化学现象创设问题情境。第五章则是对山区初中真实问题情境教学设计下化学育人的进一步思考，主要关注的是如何通过问题情境引领学生思考探索，以及如何跨学科创设真实的问题情境，进一步落实化学育人的根本任务。本书兼具理论与实际应用价值，可供广大初中化学教学相关工作者了解和参考。

在成书的过程中，华南师范大学钱扬义教授给予了精心指导，广东第二师范学院张秀莲教授、曹曼丽教授提供了无私帮助，在此表示衷心的感谢！

本书的顺利出版，得到了暨南大学出版社曾鑫华编辑及其团队的热情帮助，她们具有高度的敬业精神，对本书做了大量编辑校对工作，在此表示深深的感谢！

在本书撰写过程中，笔者参阅了大量的文献资料，引用了诸多专家学者的研究成果，因篇幅有限，不能一一列举，在此一并表示最诚挚的感谢。

　　由于时间仓促，加之笔者水平有限，在撰写过程中难免出现不足，希望各位读者不吝赐教，提出宝贵的意见，以便笔者在今后的学习和工作中加以改进。

蔡世峰

2023 年秋于百里瑶山

# 目 录
## CONTENTS

# 第一章　新课标背景下的山区初中化学教学

新课标背景下的山区初中化学教学，倡导以学生为中心，注重培养学生的科学素养和探究能力，通过引导学生进行实验探究，培养学生的观察能力、动手能力和思维能力。同时，教师需要注重与学生的互动，鼓励学生积极参与课堂活动，激发学生的学习兴趣和自信心。在教学过程中，教师还应该关注学生的学习进度和个性化需求，根据学生的实际情况进行教学设计和调整，确保教学质量和效果。此外，教师还需要关注化学学科与社会、生活的联系，引导学生运用所学知识解决实际问题，培养学生的应用能力和社会责任感。总之，新课标背景下的山区初中化学教学需要注重学生的主体地位，发挥学生的主观能动性，培养学生的探究能力和创新精神，为学生的未来发展奠定坚实的基础。

## 第一节　山区初中化学教学现状、趋势与意义

由于地理位置偏远、教育资源相对匮乏以及学生个体差异较大，山区初中的化学教学面临诸多挑战。教学内容与方式的单一、实验设备的不足以及教师专业素养的参差不齐，导致山区教学质量往往难以与城市相媲美。然而，随着教育的不断进步和现代化，山区初中化学的教学正朝着积极的方向发展。新的教育理念和技术手段的应用，如在线教育、微型实验以及多元化的评价体系等，正在逐步改变山区初中化学的教学面貌。这些新的教学方式和方法，不仅丰富了教学手段，提高了教学质量，更激发了学生的学习热情和探究精神。山区初中化学教学质量的改进和提升不仅有助于提高山区学生的科学素养，也有助于为他们的未来发展奠定坚实的基础。化学作为一门基础自然科学，对于培养学生的科学思维、实验能力和创新精神具有不可替代的作用。此外，提升山区初中化学教学质量，也是实现教育公平，缩小城乡教育差距的重要途径。

## 一、山区初中化学教学现状

山区初中化学教学有着自身独特的优势,相应地也面临许多挑战,但是只要我们关注并积极解决这些问题,就可以提高教学质量和水平,使更多的学生受益。

### (一) 师资力量薄弱

在山区初中化学教学中,师资力量薄弱是一个突出的问题。由于山区地理位置偏远,很多高水平教育资源难以下沉到乡村学校。山区学校往往面临人才流失、招聘困难等挑战,导致化学学科的师资力量相对较弱。

这一现象对教学产生了不小的影响。由于缺乏具有专业素养和教学经验的教师,学生们往往无法得到优质的教学和指导。例如,某些教师在教授化学实验时,可能无法准确、安全地操作实验,或者无法清晰地解释实验现象和原理,这使得学生在学习过程中难以理解和掌握化学知识。

此外,师资力量的薄弱也导致了山区学校在课程设置和教学大纲的实施上存在困难。许多重要的化学实验课程可能无法开设,实验的进行也可能因为教师的非专业性而受到阻碍。

### (二) 实验条件差

对于化学学科来说,实验是非常重要的一部分。然而,在山区学校中,实验条件的限制使得学生往往无法充分地进行化学实验。实验室的短缺、实验器材的简陋以及不规范的使用方式都可能导致实验无法顺利进行或者实验结果不准确。

例如,学生可能因为实验室数量不足而无法在课程中及时进行实验。有的学生可能因为实验器材的短缺而不得不与同学共享实验器材,这会影响他们进行实验的效率和效果。此外,由于实验室的管理和使用不规范,学生们在进行实验时可能面临安全风险。

这些问题的存在,使得学生不能充分地掌握实验技能,不能深入了解化学实验的奥秘。同时,这也可能影响他们对化学学科的兴趣和热情。

### (三) 缺乏专业人才

尽管许多山区学校的实验设备条件基本健全,但在安全防范处理和危化品的处理方面仍有不足，这主要是因为这些学校缺少专业的实验室管理员。许多学校的实验室管理员往往由其他科目的教师兼任，他们缺乏化学实验的专业知识，未能掌握科学、正确的操作手法，难以在学生进行实验时给予有效的指导。

此外，危化品的处理也是一项重要的问题。由于山区学校的地理位置特殊，往往难以获得专业的危化品处理服务。这就使得一些具有腐蚀性、易燃易爆等特性的化学药品无法得到妥善处理，存在一定的安全隐患。

这些问题的存在，不仅影响了化学实验的教学质量，也对学生的安全构成了威胁。因此，如何吸引和培养专业的化学人才，是山区初中化学教学面临的重要挑战。

### （四）学生的基础水平和学习动力存在差异

在山区初中化学教学中，学生的基础水平和学习动力存在差异是一个显著的特点。由于山区学校的教学资源相对匮乏，学生在接触化学学科之前往往没有足够的机会得到优质的教学和指导。此外，由于家庭、社会等环境的影响，他们对化学学习的动力和兴趣也相对较低。

这些因素相互影响，使得山区初中生的化学基础普遍较差。具体表现在以下三个方面：

1. 基础知识掌握不扎实

由于接触化学的机会较少，山区初中生对于化学基础知识掌握不够牢固。他们可能无法准确理解化学概念、性质和反应等基础知识。

2. 实验操作能力较差

化学实验是化学学科的重要组成部分。然而，由于实验条件的限制和师资力量的薄弱，山区初中生往往缺乏实验操作的机会和指导。他们可能无法熟练地使用实验器材，也无法独立完成简单的化学实验。

3. 化学用语掌握不熟练

化学用语是化学学科的特殊语言，是表达化学概念、物质组成和反应过程等信息的工具。然而，由于缺乏系统的训练和练习，山区初中生往往难以掌握化学用语。他们可能无法准确地书写化学式、化学方程式等基本的化学用语。

此外，学习动力不足也制约了山区初中生在化学学科上的表现。学习动力是指推动学生进行学习的内部力量，包括兴趣、爱好、意志力等方面。由于对化学学科缺乏兴趣和热情，山区初中生往往缺乏主动学习的动力。他们可能只是为了应付考试而机械地学习，缺乏对化学知识的深入探究和思考。

这些因素的存在，使得山区初中化学教学面临很大的挑战。为了提高教学质量和水平，教师需要关注学生的基础水平和学习动力差异，采取针对性的教学策略和方法。例如，教师可以根据学生的实际情况进行教学设计和调整，适当降低教学难度和要求，增加基础知识的讲解和训练。同时，教师还可以通过实验教学、案例分析、小组讨论等多种教学方式，激发学生的学习兴趣和热情，提高他们的主动性和参与度。

另外，学校和社会也应该加大对山区初中化学教学的支持和投入力度，通过加强师资力量建设、改善实验条件、提供培训和资源支持等方式，为山区初中生提供更好的学习环境和条件，帮助他们克服困难，提高化学学科的学习效果和水平。

### （五）教学方式和手段相对比较传统单一

在山区初中化学教学中，教学方式和手段相对比较传统单一是一个普遍存在的问题。由于受到教学资源、师资力量等条件的限制，山区学校往往难以采用多样化的教学方式和手段，使得化学学科的教学质量受到一定的影响。

首先，教学方式相对单一。在山区初中化学教学中，教师往往采用课堂讲解的方式进行授课。这种方式虽然能够传授一定的理论知识，但也可能导致学生在化学学习中产生枯燥、乏味的感受。同时，由于课堂讲解难以生动形象地展示化学反应和实验过程，学生对于化学知识的理解和掌握也可能受到影响。

其次，实验教学未能得到充分开展。化学实验是化学学科的重要组成部分，对于培养学生的实验技能和探究精神具有重要意义。然而，在山区初中化学教学中，由于实验条件和师资力量的限制，实验教学往往难以得到充分开展。有的学校可能因为实验器材的短缺或教师实验经验的不足，无法有效地指导学生进行实验操作。这不仅影响了学生对化学知识的理解和掌握，也制约了学生实验技能和创新精神的发展。

最后，小组讨论等方式在教学中的应用也相对较少。小组讨论等互动教学方式可以提升学生的自主学习和合作学习能力，对于提高教学质量和培养学生的综合素质具有积极作用。然而，在山区初中化学教学中，由于受到学生人数、教学资源等因素的限制，小组讨论等教学方式的应用并不多见。这使得学生往往处于被动接受知识的状态，难以激发他们的主动性和创新性。

为了改善这种状况，教师和学校应该积极探索适合山区初中化学教学的教学方式和手段。首先，教师可以结合当地的自然资源和生产生活实际，将化学知识与实际应用联系起来，使教学更加生动有趣。例如，教师可以利用当地的植物、矿物等资源来演示化学反应和性质，帮助学生更好地理解和掌握化学知识。其次，学校可以加大投入力度，改善实验条件和丰富实验器材，为实验教学提供更好的条件。最后，学校还可以通过引进优秀的教育资源、加强师资力量建设等方式，提升教学质量和水平。

此外，教师也可以通过参加专业培训和实践教学研究等方式，提高自己的教学水平和能力。通过不断学习和实践，教师能够更好地掌握各种教学方式和手段，根据学生的实际情况进行教学设计和调整，提升教学效果和学生的参与度。

### （六）山区初中化学教学有一定的优势

山区初中化学教学虽然面临诸多挑战，但也有其独特的优点。

1. 个性化关注和精准教学

由于学生人数较少，教师有更多的机会关注每个学生的学习情况和需求。教师可以根据每个学生的理解能力和学习进度调整教学策略和方法，以提供更加个性化和精准的教学。例如，如果发现学生对某个化学概念感到困惑，教师可以专门安排针对这个概念的复习课，或者在实验中给予更多的指导和帮助。

2. 充分利用当地自然资源

山区拥有丰富的自然资源和特色生物资源，这为化学教学提供了丰富的教学素材和实践机会。教师可以引导学生就地取材，进行一些贴近实际的化学实验，提高学生的学习兴趣和动力。例如，教师可以使用当地的植物或矿物作为实验材料，让学生通过亲自操作来理解和掌握化学反应和性质。

3. 增强学生的环保意识和责任感

山区学校可以利用其独特的自然环境，培养学生的环保意识和责任感。在化学实验中，教师可以引导学生思考如何减少实验废弃物的产生，以及如何合理地处理实验废弃物。这样可以帮助学生认识到化学实验对环境的影响，培养他们的环保意识和责任感。

4. 培养学生的坚韧意志和自主学习能力

由于山区学校的教学资源相对匮乏，学生们往往需要更强的自主学习和自我管理能力。他们需要在有限的资源条件下，寻找解决问题的方法，培养坚韧的意志和自主学习的能力。这些能力不仅对学生的学业有重要帮助，也对他们的未来发展有很大影响。

5. 促进跨学科学习

化学学科与其他学科，如物理、数学、生物等，有密切的联系。在山区学校，由于教学资源有限，学生可能无法接触到所有的学科内容。然而，通过化学学科的学习，学生可以接触到其他学科的基础知识，促进跨学科学习。例如，化学反应中的质量守恒和能量守恒原理与物理学中的守恒定律有关；化学反应方程式的计算涉及数学中的比例和计算知识。

## 二、山区初中化学教学趋势

山区初中化学教学将不断适应新时代的需求，积极推进课程改革和教育创新，通过关注实践性和探究性、化学与社会的联系、实验教学和实验安全教育、信息化教学以及师资培养和资源建设等方面，紧跟学科教育发展趋势，不断提高教学质量和水平，为培养具有创新精神和实践能力的未来人才作出贡献。

### （一）强调实践性和探究性

在山区初中化学教学中，实践性和探究性是重要的教学趋势。随着新课程改革的深入，教学重点逐渐从传统的知识传授转向学生实践能力和创新精神的培养。

1. 实验探究的重要性

化学是一门以实验为基础的学科，实验探究是化学教学的重要组成部分。在山区初中化学教学中，教师应重视实验探究，引导学生通过实验观察、操作、思考和交流，自主发现和解决问题。通过实验探究，学生可以更好地理解化学概念和原理，提高实验技能和科学素养。

2. 实践能力的培养

实践能力是学生在实践中运用所学知识解决实际问题的能力。在山区初中化学教学中，教师应注重培养学生的实践能力。例如，教师可以引导学生利用当地的自然资源和手头上的实验器材设计实验方案，进行化学实验操作，并将所学知识应用到实践中。这样可以帮助学生更好地理解化学知识，提高他们的实践能力。

3. 创新精神的培养

创新精神是人们在科学研究中勇于探索、开拓创新的精神。在山区初中化学教学中，教师应注重培养学生的创新精神。例如，教师可以引导学生思考化学实验中的异常现象，鼓励他们提出自己的见解和假设并尝试设计实验进行验证。这样可以帮助学生培养创新思维和科学精神，提高他们的创新能力。

为了实现实践性和探究性教学，山区初中学校应加大投入力度，改善实验条件和完善实验器材，为实验教学提供必要的保障。同时，教师也需要不断学习和提高自己的专业素养，掌握更先进的实验技能和教学方法，为培养学生的实践能力和创新精神提供有力的支持。

### （二）关注化学与社会的联系

在山区初中化学教学中，关注化学与社会的联系是培养学生应用能力和社会责任感的重要途径。

#### 1. 化学在生产、生活中的应用

化学学科与生产、生活有着密切的联系，初中化学教学中应注重引导学生了解化学在生产、生活中的应用。例如，教师可以介绍化学材料在制造业、医疗、环保等领域的应用，让学生认识到化学学科对社会发展的重要性。此外，教师还可以引导学生探讨化学在解决环境、能源等全球性问题中的作用，培养他们的社会责任感。

#### 2. 化学与环境的关系

环境问题是当前全球面临的重大挑战之一，化学学科在解决环境问题方面发挥着重要作用。在山区初中化学教学中，教师应注重介绍化学与环境的关系，让学生了解化学品对环境的污染及对人类健康的危害。同时，教师还可以引导学生探讨如何利用化学知识减少污染、保护环境，培养他们的环保意识和责任感。

#### 3. 社会热点问题与化学的联系

社会热点问题往往涉及化学学科的知识。在山区初中化学教学中，教师可以结合社会热点问题，引导学生运用化学知识分析和解决问题。例如，教师可以引导学生从化学角度分析食品添加剂、化妆品成分等热点话题，让学生了解化学知识在保障公众健康方面的作用。

#### 4. 增强学生的社会责任感

通过关注化学与社会的联系，学生可以认识到化学学科对于社会发展的重要性，同时也了解到化学品对环境和人类健康的危害。在此基础上，教师可以引导学生探讨如何运用化学知识为社会发展作出贡献，培养他们的社会责任感和使命感。

为了加强学生对化学与社会之间联系的认识，山区初中学校可以组织学生参观工厂、实验室、环保设施等，让他们亲身体验化学在生产、生活和环境等

方面的应用。此外，教师也可以通过案例分析、角色扮演等形式，让学生深入了解化学在社会问题中的角色和作用。

在实践中，教师需注意避免将化学与社会的联系简单地等同于介绍化学的应用，而是要引导学生深入理解化学原理与社会的相互关系，培养他们运用化学知识解决实际问题的能力。同时，教师还需要关注学生的社会责任感的养成，帮助他们树立正确的科学伦理观和价值观，为培养具有社会责任感和创造力的未来人才贡献力量。

### （三）加强实验教学和实验安全教育

实验教学是化学教学的重要组成部分，对于培养学生的实验技能、观察能力和科学素养具有重要意义。然而，由于山区学校的教学资源相对匮乏，实验教学往往受到一定的限制。

1. 实验条件的改善

为了更好地开展实验教学，山区学校应加大投入力度，改善实验条件。这包括购买必要的实验器材和药品，建设实验室等。同时，学校还可以通过向上级部门申请，与当地企业、高校等合作，争取更多的支持和资源，为实验教学提供更好的保障。

2. 实验安全教育的重要性

由于山区学校的实验条件相对简陋，实验安全问题尤为突出。因此，加强实验安全教育是确保学生在实验过程中的安全的关键。学校应开设实验安全课程，让学生了解实验操作规程和注意事项，培养他们的实验安全意识和自我保护能力。

3. 实验内容的创新

在条件有限的情况下，教师可以根据当地资源和实际情况，创新实验内容。例如，利用当地的植物、矿物等设计实验方案，让学生通过观察、操作和思考，理解化学反应和性质。这样不仅可以培养学生的实验能力，还可以让他们了解到化学在生产、生活和环境等方面的应用。

4. 教师专业素养的提高

为了更好地指导学生进行实验，教师需要不断学习和提高自己的专业素养，同时应掌握基本的实验技能和教学方法，了解实验安全知识和应急处理措施。这样可以确保教师在实验教学中能够给予学生有效的指导和帮助。

5. 开展实验竞赛

学校可以组织实验竞赛，鼓励学生积极参与。竞赛可以激发学生的学习热情和兴趣，培养他们的团队合作精神和实验技能。同时，竞赛还可以提高教师实验教学的能力和水平，推动实验教学的发展。

6. 培养学生的实验习惯和兴趣

学生是实验教学的主体，培养他们的实验习惯和兴趣对于提升教学效果至关重要。学校可以组织丰富多彩的实验活动，如化学实验社团、家庭小实验等，让学生有机会自主探索和体验化学的魅力。此外，学校还可以开展科普讲座、化学晚会等活动，增加学生对化学学科的了解和认识。

### （四）推进信息化教学

随着信息技术的不断发展，信息化教学已成为山区初中化学教学的重要趋势。信息化教学不仅可以提高教学效果，还可以让学生更好地理解和掌握化学知识。

1. 数字化工具和资源的应用

教师可以使用数字化工具和资源来创新教学方式，例如，可以使用虚拟实验室、在线课程等数字化资源，帮助学生更好地理解和掌握化学知识。虚拟实验室可以提供模拟实验环境和实验器材，让学生通过操作虚拟实验器材进行实验，更好地理解化学反应和性质。在线课程则可以提供丰富的视频、图像、声音等多媒体资源，帮助学生更好地记忆和理解化学知识。

2. 信息化教学可以扩大教学容量

利用信息化教学方式，教师可以更好地整合和利用各种教学资源，扩大教学容量。例如，教师可以通过网络搜索相关化学知识、图片、视频等素材，并将其引入课堂教学中，使教学内容更加丰富、形象，帮助学生更好地理解化学知识。

3. 信息化教学可以提高教学效率

通过使用数字化工具和资源，教师可以节省板书时间，加快教学进度，提高教学效率。例如，教师可以使用多媒体课件代替传统的板书，让学生通过课件更好地了解化学反应过程和现象，提高学生的学习效率。

4. 信息化教学可以促进学生的自主学习

通过使用在线课程、网络资源等数字化教学资源，学生可以在线进行自主学习，更好地掌握化学知识。同时，信息化教学还可以为学生提供更多的学习机会和资源，例如网络化学竞赛、化学论坛等，扩展学生的视野和知识面。

为了推进信息化教学，山区学校应加大投入力度，配备必要的数字化设备和资源，为教师开展信息化教学提供保障。同时，教师也需要不断提高自己的信息化素养，掌握数字化工具和资源的应用方法，为培养学生的化学学科素养提供支撑。

随着信息技术的不断发展，山区初中化学教学也将逐步推进信息化教学。教师将利用数字化工具和资源，创新教学方式，提高教学效果。

### （五）加强师资培养和资源建设

在山区初中化学教学中，师资培养和资源建设是提高教学质量和水平的关键因素。

#### 1. 师资培养的重要性

教师的专业素养和教学能力对于学生的学习效果和兴趣有着重要影响。在山区初中化学教学中，提高教师的专业素养和教学能力是至关重要的。学校可以通过提供培训、交流学习等机会，让教师不断更新化学学科知识、掌握新的教学方法和技巧，提高他们的教学能力和水平。此外，学校还可以鼓励教师开展教学研究，撰写教育教学论文，推广先进的教学经验和方法。

#### 2. 资源建设的重要性

资源建设是保障山区初中化学教学质量的重要支撑。在资源建设方面，学校需要注重两个方面：一是教学设施和器材的投入，包括化学实验室、实验器材、药品等，这是保障实验教学的基本条件；二是优质教育资源的引进，包括数字化教学资源、在线课程、虚拟实验室等，这些可以弥补山区学校教育资源的不足，为学生提供更丰富、多元化的学习资源。

#### 3. 与外界的联系和合作

为了提高山区初中化学教学质量和水平，学校需要加强与外界的联系和合作。学校可与当地企业、高校等合作，争取更多的支持和资源，为实验教学提供更好的保障。同时，学校还可以邀请化学领域的专家、学者进校授课、办讲座，让学生接触到更广阔的化学领域知识，激发他们的学习兴趣和创新精神。

#### 4. 实施导师制培养教师

在师资培养方面，学校可以实施导师制，为每位青年教师或新教师配备一名经验丰富的导师，通过一对一的指导和帮扶，让青年教师或新教师快速成长起来。这样可以提高教师的教学水平和专业素养，为山区初中化学教学提供有力的师资保障。

#### 5. 建立教学资源库

为了更好地管理和利用教育资源，学校可以建立教学资源库，将各类教学资源进行分类、整理和归档，方便教师查找和使用。这样不仅可以提高教学资源的利用率，还可以为教师提供相互学习和交流的平台。

6. 加强校际合作与交流

学校可以积极与其他山区学校、化学学科优势学校开展合作与交流，共享优质教育资源，学习借鉴先进的教学经验和方法。学校通过校际合作与交流，可以促进山区初中化学教学的共同发展和质量提升。

为了提高山区初中化学教学质量和水平，学校应注重师资培养和资源建设。学校可以通过提供培训、交流学习等机会，提高教师的专业素养和教学能力。同时，学校可以积极引进优质的教育资源，加强与外界的联系和合作，为山区初中生提供更好的教学环境和条件。

## 三、山区初中化学教学意义

山区初中化学教学对于培养学生的科学素养、帮助学生理解和掌握化学知识、提升学生的探究能力和创新精神、增强学生的社会责任感、培养学生的学习兴趣和自信心、为当地的经济和社会发展作出贡献以及整体提高山区化学教学水平和促进教育公平化发展等方面都具有重要的意义。

### （一）培养学生的科学素养

化学学科是科学教育的重要组成部分，它涉及物质的性质、组成、结构和变化等基本概念和原理。通过化学学习，学生可以了解化学反应的规律、化学实验的方法、化学分析的技巧以及化学在生活、生产和社会发展中的广泛应用。这些知识和技能不仅对学生的未来发展有着重要的影响，而且对于培养学生的科学素养具有重要意义。

培养学生的科学素养，是现代社会和经济发展的必然要求。在山区，学生接触到的新知识和新事物往往较少，因此，化学学科教学可以开阔学生的眼界，激发他们的求知欲，培养他们的科学思维和创新能力。

首先，化学学科可以帮助学生掌握科学知识。化学知识是科学知识的重要组成部分，它涉及物质的微观结构、化学反应的机制、化学元素的性质和相互关系等。这些知识不仅有助于学生理解自然界的规律，而且可以帮助他们解释生活中的现象和解决生产中的问题。通过化学学习，学生可以逐步建立起科学的世界观和方法论，从而更好地认识和改造世界。

其次，化学学科可以培养学生掌握科学方法和技能。化学实验是化学学科的重要组成部分，通过实验学习与实操，学生可以学习到科学实验的基本方法和技巧，如实验设计、实验操作、数据分析和结论总结等。这些方法和技能不仅对学生的未来发展有着重要的影响，而且可以帮助他们解决现实生活中的问题。此外，化学学科中的探究性学习也可以培养学生独立思考和解决问题的能力。

最后，化学学科可以培养学生的科学精神和态度。化学学科的研究需要严谨、细致和认真的态度，这也是科学精神的重要组成部分。通过化学学习，学生可以了解到科学研究的基本原则和方法，如诚实、客观、严谨、细致等。这些科学精神不仅对学生的未来学习和工作有着重要的影响，而且可以帮助他们树立正确的人生观和价值观。

### （二）提升学生的探究能力和创新精神

提升学生的探究能力和创新精神是化学学科教学的重要目标之一。化学学科是一门以实验为基础的学科，教师通过实验教学，可以帮助学生更好地理解和掌握化学知识，同时也可以培养学生的探究能力和创新精神。在山区，实验教学往往受到条件限制，但教师可以引导学生进行一些简单的实验，如利用食醋和石灰石进行二氧化碳的制取等。教师也可以利用数字化实验教学资源，如虚拟实验室、在线课程和化学软件等，引导学生进行虚拟实验和在线探究等活动。这些数字化实验教学资源可以帮助学生更好地理解和掌握化学知识，同时也可以培养学生的探究能力和创新精神。

### （三）增强学生的社会责任感

化学学科与生产、生活和环境等方面有着密切的联系，它既能够促进社会的发展和进步，也可以对环境和人类健康产生负面影响。因此，教师通过化学教学，可以让学生了解到化学学科的社会责任，培养他们的社会责任感，对于学生的成长和发展具有重要意义。

首先，教师通过化学教学，可以让学生了解到化学学科对于生产、生活和环境等方面的重要作用。人类运用化学知识生产了许多有用的材料和产品，如塑料、药物、化肥等，同时也为环境保护发明了许多有效的方法和手段，如污水处理、垃圾分类等。这些材料和产品的生产和应用，以及环境保护的方法和手段的实现，都离不开化学知识和技术的应用。通过这些内容的学习，学生可以了解到化学学科的重要性和作用，从而更好地认识和了解化学学科的社会责任。

其次，教师通过化学教学，可以让学生了解到化学品对环境和人类健康的危害。化学品的生产和使用可以带来很多好处，但同时也存在着很多潜在的危险和危害。一些化学品的使用可以导致环境污染和生态系统的破坏，如农药、化肥等，一些化学品甚至可以对人体健康造成严重的危害，如某些有机溶剂、重金属等。教师通过化学教学，可以让学生了解到这些危害的存在和影响，从而使学生更好地关注和保护环境和人类健康。

最后，教师通过化学教学，可以培养学生的社会责任感。教师让学生了解化学学科的社会责任和化学品对环境和人类健康的危害，可以培养学生的环保意识和健康意识，从而增强他们的社会责任感。学生可以更加关注环境保护和人类健康，积极参与相关活动，如环保志愿服务和健康宣传等，从而为社会作出更多的贡献。

在山区，学生往往更加关注本地环境和生态系统的保护，因此教师通过化学教学培养他们的社会责任感尤为重要。教师可以引导学生了解本地环境和生态系统的状况，如水体污染、土壤污染等情况，同时也可以引导学生了解本地环境问题和环境保护的措施和方法，如生态农业、废物利用等。教师通过这些内容的介绍和探讨，可以让学生更加关注和参与到本地环境保护和生态系统的维护中来。

### （四）培养学生的学习兴趣和自信心

培养学生的学习兴趣和自信心是化学学科教学的重要任务之一。化学学科是一门有趣的学科，它涉及许多奇妙的化学现象、化学反应和化学应用，这些都可以作为激发学生学习兴趣和自信心的素材。在山区，学生往往因为地域和资源的限制而缺乏自信，因此通过化学教学培养他们的学习兴趣和自信心尤为重要。

首先，化学学科本身的特点决定了它能够引起学生的学习兴趣。化学学科涉及许多有趣的化学现象和化学反应，如燃烧反应、焰色反应、结晶现象等，这些都能够引起学生的好奇心和探究欲。此外，化学学科还涉及许多实用的应用科学，如材料科学、能源科学、环境科学等，这些都可以让学生了解到化学的实用性和重要性。这些内容的介绍和探究，可以让学生更加关注和参与到化学学科的学习中来。

其次，化学学科教学可以培养学生的自信心。在化学学科教学中，教师可以引导学生进行实验操作、探究性学习、合作学习等活动，让学生更加主动地参与到学习中来。同时，教师也应注重学生的个体差异和特长，让学生在学习中体验到成功的喜悦和成就感。这些都可以帮助学生树立自信心，让他们更加勇敢地面对学习中的困难和挑战。

最后，化学学科教学可以让学生发现化学的美丽和实用性，从而更好地激发他们的学习兴趣和自信心。化学学科中存在着许多奇妙的现象和反应，如分子结构、原子构成、化学键等，这些都可以让学生感受到化学的美丽和神奇。在生活中也存在诸多化学现象，利用化学知识可以解决现实生活的问题，这可让学生了解到化学的实用性。

在山区初中化学教学中，教师可以通过以下方式培养学生的兴趣和自信心。

首先，教师可以注重实验教学的作用。实验教学可以让学生更加直观地了解化学现象和反应，也可以帮助他们掌握实验技能和方法。在实验教学中，教师可以引导学生自主设计实验方案、自主操作实验过程、自主分析实验结果等，这些都可以培养学生的探究能力和创新精神。

其次，教师可以注重学生的主体性和参与性。学生是学习的主体，只有让学生更加主动地参与到学习中来，才能够更好地激发他们的学习兴趣和自信心。教师可以利用小组合作学习、探究性学习等方式，引导学生自主探究、自主思考、自主解决问题等，这些都可以帮助学生树立自信心。

最后，教师要注重评价的作用。评价是教学的重要环节之一，它可以帮助学生了解自己的学习情况和问题，也可以帮助学生树立自信心。教师可以通过多种评价方式，如考试、实验报告、课堂表现等，全面了解学生的学习情况和问题，从而更好地指导学生的学习和发展。

### （五）为当地的经济和社会发展作出贡献

化学学科作为一门自然科学，不仅在生产、生活和环境等方面有着广泛的应用，也为当地的经济和社会发展作出了重要贡献。在山区，化学教学对于当地的经济和社会发展的作用尤为重要。

首先，教师通过化学教学可以让学生了解到当地的自然资源，以及如何利用这些资源来促进本地经济的发展。山区有着丰富的自然资源，如矿产、植物、动物等，这些资源可以为当地的经济和社会发展提供重要的物质基础。化学教学可以让学生了解到这些资源的性质、组成、结构和应用，从而帮助他们更好地利用这些资源来促进本地经济的发展。例如，在山区，人们可以利用当地的植物资源进行生物质能源的生产，或者利用当地的矿产资源进行矿物质能源的生产等。

其次，教师通过化学教学可以让学生了解到如何保护这些资源，从而为山区的可持续发展作出贡献。自然资源是有限的，如果过度开发和利用，就会对环境和人类造成不可逆转的危害。化学教学可以让学生了解到自然资源的保护和可持续利用的重要性，例如，在山区，人们可以利用化学技术进行环境污染治理，从而保护当地的生态环境。

最后，教师通过化学教学可以让学生更好地了解当地的文化底蕴，从而为当地的文化传承和发展作出贡献。山区有着丰富的文化底蕴，如传统手工艺、民俗文化等，这些文化资源可以为当地的文化传承和发展提供重要的支持。化学教学可以让学生更好地了解这些文化的内涵和特点，从而让他们更好地参与到这些文化的传承和发展中来。例如，在山区，人们可以利用化学知识进行传统手工艺品的保护和传承。

### （六）促进教育公平化发展

教育公平是社会公平的重要体现，是社会发展的重要动力。在山区初中化学教学中，教育公平可以从以下三个方面得到体现：

首先，关注学生的个体差异是实现教育公平的重要途径。每个学生都是独一无二的个体，他们有着不同的兴趣、爱好和学习能力。因此，在化学教学中，教师应该关注每个学生的个体差异，根据他们的特点和兴趣制订合适的教学计划和方法，以满足不同学生的学习需求。同时，教师还应该关注学生的心理健康和成长，帮助他们克服自卑、胆怯等心理障碍，增强其自信心和自尊心，从而更好地参与到化学学习中来。

其次，提供平等的教育机会是实现教育公平的重要保障。在山区初中化学教学中，一些学生可能因为家庭经济条件、社会背景等原因无法获得优质的教育资源，从而导致学习效果不佳。为了保障每个学生的受教育权利和机会均等，政府和教育部门应该加大对山区教育的投入，提高山区教育质量，为每个学生提供平等的教育机会。同时，学校和教师也应该关注学生的生活和学习情况，提供必要的帮助和支持，以使他们的学习权利和机会得到充分保障。

最后，实施科学的教学方法是实现教育公平的关键因素。科学的教学方法应该充分考虑学生的认知规律和学习特点，采用多种教学形式和手段，激发学生的学习兴趣和主动性。在化学教学中，教师可以采用实验教学、探究式教学、合作学习等方式，引导学生自主探究、自主思考、自主解决问题等，以培养他们的探究能力和创新精神。同时，教师还可以通过课外活动、兴趣小组等形式，开展丰富多彩的化学学科活动，为学生的全面发展提供更多的机会和平台。

# 第二节　山区初中化学教学创设真实问题情境的背景

在山区初中化学教学中创设真实问题情境，既符合化学学科的特点和学生的认知规律，又关注了山区教育的实际情况和社会发展需求。教师通过这样的教学方式，可以提高山区初中化学教学的质量和学生的综合素质。

## 一、化学学科的特点

化学学科是一门以实验为基础的自然学科，它涉及众多抽象概念和化学反应，需要学生具备一定的理科思维和实验技能。对于初中生而言，化学学科可能会存在一定的学习难度。然而，教师通过创设真实问题情境的方式，可以帮助学生更好地理解化学学科的特点和价值。

首先，化学学科以实验为基础，实验是学习化学的重要手段。学生通过观察实验现象、分析和解释数据，能够更好地理解化学反应和抽象概念。同时，学生通过自己动手做实验，可以培养实践能力和探究精神。在山区初中化学教学中，虽然实验设备可能较为有限，但教师可以引导学生利用生活中的材料和药品进行简单的实验，以增强他们的实验技能和观察能力。

其次，化学学科涉及众多抽象概念和化学反应，需要学生具备一定的理科思维。初中生在初次接触化学时，可能会感到抽象概念难以理解。通过创设真实问题情境，教师可以将化学知识融入实际生活和生产中，帮助学生更好地理解化学概念和反应原理。例如，在讲解酸碱中和反应时，教师可以引导学生思考现实生活中哪些场景涉及酸碱反应，并进一步探讨酸碱反应的原理和应用。

再次，化学学科的应用范围非常广泛，涉及能源、环境、材料、医药等领域。通过真实问题情境的创设，教师可以引导学生关注身边的化学现象和问题，激发他们对化学学科的兴趣和热情。例如，在讲解水的组成和性质时，教师可以引导学生思考现实生活中与水有关的化学现象，如水的净化、水污染等，并进一步探讨水的性质和作用。

最后，教师通过创设真实问题情境，可以帮助学生更好地理解化学学科的价值。化学学科不仅是理论知识的学习，更重要的是探究自然规律、解决实际问题。教师通过真实问题情境的创设，可以引导学生了解化学在社会发展、科技进步和人们生活中的应用，激发他们对化学学科的热爱之情和探究精神。

## 二、山区教育资源有限

山区教育资源有限，这是地理位置和经济条件的限制导致的。山区的经济发展相对滞后，教育投入也相对较少，导致山区教育资源相对匮乏。与城市相比，山区初中化学教学面临着更大的挑战。在这种情况下，创设真实问题情境显得尤为重要。

首先，创设真实问题情境可以让学生通过观察和实践来增强对化学知识的理解和掌握。由于教育资源的限制，山区初中化学教学缺乏先进的实验设备和优质的教育资源，但是教师通过创设真实问题情境，可以引导学生关注身边的化学现象和问题，并利用现有的资源进行探究和实践。例如，在讲解物质的溶解性时，教师可以引导学生思考现实生活中哪些物质有溶解现象，并进一步探讨溶解的原理和应用。通过观察和动手实践，学生可以更好地理解化学知识，从而提高学习兴趣和参与度。

其次，创设真实问题情境可以促进学生的探究精神和创新能力的发展。由于教育资源的限制，山区初中化学教学缺乏先进的实验设备和优质的教育资源，但是教师通过创设真实问题情境，可以引导学生利用现有的资源进行探究和实践，促进学生的探究精神和创新能力的发展。例如，在讲解物质的性质和变化时，教师可以引导学生思考现实生活中哪些现象涉及化学变化，并进一步探讨化学变化的原理和应用。通过观察和动手实践，学生可以更好地理解化学知识，提高探究精神和创新能力。

最后，创设真实问题情境还可以促进学生的合作学习和交流能力的发展。在真实问题情境中，学生需要相互合作、交流和配合来完成任务和解决问题。学生通过这种合作学习和交流，可以提高学习能力和综合素质。例如，在讲解"生活中常见的盐"这一课时，教师可以组织学生进行合作学习和讨论，探讨化学中的盐的概念，以及与我们日常认知的盐的差异。通过合作学习，学生可以更好地理解化学知识，提高学习能力和综合素质。

## 三、学生兴趣和自信心培养

学生兴趣和自信心培养是山区初中化学教学的重要目标之一。初中生正处于兴趣和自信心的培养阶段，他们对于未知的领域和学科有强烈的好奇心和探究欲望。教师通过创设真实问题情境，可以引导学生关注身边的化学现象和问题，激发他们对化学学科的兴趣和热情，帮助他们建立自信心，提高他们的综合素质。

首先，创设真实问题情境可以激发学生对化学学科的兴趣和热情。真实问题情境可以将化学知识与实际生活和生产紧密联系起来，让学生了解到化学知识的实用性和价值。通过观察身边的化学现象、探究化学反应的奥秘，学生可以感受到化学的魅力，激发学习兴趣和热情。如在讲解"水的净化"这一知识点时，教师可以让学生思考日常生活中都会采用哪些方式来净化水，从而引导学生思考其中的化学原理。

其次，创设真实问题情境可以帮助学生建立自信心。在真实问题情境中，学生需要运用所学知识解决实际问题，这可以帮助学生巩固所学知识，提高他们的应用能力和自信心。通过不断实践和积累经验，学生可以逐渐掌握化学知识，感受到自己的进步和成长，从而建立自信心。例如，在讲解"金属材料"这一知识点时，教师可以引导学生思考如何鉴别不同种类的金属物质并设计实验方案进行验证。通过观察和动手实践，学生可以掌握金属材料物质鉴别的技巧和方法，提高他们的应用能力和自信心。

最后，创设真实问题情境还可以促进学生的探究精神和创新能力的发展。在真实问题情境中，学生需要探究问题的本质和解决方法，这需要他们具备一定的探究精神和创新能力。通过不断实践和思考，学生可以逐渐提高自己的探究精神和创新能力，从而更好地适应未来的学习和工作。例如，在讲解能源的开发和利用时，教师可以引导学生思考如何利用当地的资源开发新能源并探讨不同能源的优缺点和应用范围。通过观察和动手实践，学生可以了解新能源的开发和应用，提高自己的探究精神和创新能力。

## 四、教育公平化的需要

教育公平是社会公平的重要体现，它保障每个孩子接受公平、公正、优质教育的基本权利。在山区初中化学教学中，创设真实问题情境可以关注学生的个体差异和兴趣爱好，为学生提供平等的教育机会和科学的教学方法，从而促进教育公平化的发展。

首先，创设真实问题情境可以关注学生的个体差异和兴趣爱好。每个学生都是独一无二的个体，他们有着不同的兴趣、爱好和学习能力。通过创设真实问题情境，教师可以根据学生的兴趣爱好和认知特点设计不同层次、不同类型的问题，让每个学生都能在适合自己的学习环境中获得充分的发展，从而更好地实现因材施教。例如，在讲解金属的性质和应用时，教师可以引导学生思考现实生活中哪些现象涉及金属的化学反应并进一步探讨金属的性质和用途。通过不同层次、不同类型的问题情境，教师可以关注到每个学生的认知特点和学习需求，更好地实现因材施教。

其次，创设真实问题情境可以提供平等的教育机会。在山区初中化学教学中，由于教育资源的限制，学生往往面临着不平等的受教育机会。但是，通过创设真实问题情境，教师可以组织多样化的教学活动，如小组合作探究、互动式学习等，让每个学生都有机会参与到学习过程中来。例如，在讲解物质的鉴别时，教师可以引导学生以小组合作的方式设计实验方案进行鉴别。小组合作探究可以让每个学生都有机会参与到学习过程中来，从而提供平等的教育机会。

最后，创设真实问题情境还可以促进科学的教学方法的应用。科学的教学方法可以帮助学生更好地理解和掌握化学知识，提高他们的学习效果和学习兴趣。通过创设真实问题情境，教师可以采用探究式教学法、合作学习法等多种教学方法，引导学生主动探究、主动思考、主动解决问题等，从而促进科学的教学方法的应用。例如，在讲解"燃烧的条件"时，教师可以组织学生进行合作学习和讨论，探讨影响燃烧的因素，提出猜想，并通过实验的方式进行验证。合作学习可以促进科学的教学方法的应用，提高学生的学习能力和综合素质。

## 五、社会发展和地方经济建设

随着社会的发展和地方经济建设的需求不断增加，山区初中化学教学也需要与时俱进，关注社会热点问题和地方特色产业的发展。通过创设真实问题情境，教师可以引导学生将所学知识应用于实际生产中，促进地方经济的发展和社会的进步。

一方面，创设真实问题情境可以引导学生将所学知识应用于实际生产中。化学学科是一门应用性很强的学科，通过创设真实问题情境，教师可以让学生了解到化学知识在生产和生活中的应用，帮助学生将所学知识应用到实际中去。例如，在讲解有机化学时，教师可以引导学生思考如何利用有机化学反应制备一些有用的化合物并进一步探讨这些化合物的应用和市场需求。这样的情境创设可以帮助学生日后将所学知识应用到实际生产中，促进地方经济的发展。

另一方面，创设真实问题情境可以促进地方经济的发展和社会的进步。很多山区都有自己的特色产业和发展方向。通过创设真实问题情境，教师可以结合化学学科与当地的产业，让学生思考如何利用化学知识为当地经济发展提供支持。例如，如果当地旅游业发展得比较好，那么教师就可以引导学生思考如何利用化学知识开发一些新型的旅游产品或者如何解决旅游业中一些涉及化学的问题。

## 第三节　《义务教育化学课程标准（2022 年版)》对真实问题情境的界定及情境素材建议

《义务教育化学课程标准（2022 年版)》在第六部分"课程实施"中指出：真实、生动、直观而又富有启迪性的学习情境，能够激发学生的化学学习兴趣，引发学生的思考，帮助学生建构大概念和核心概念，促进学生核心素养的发展。

### 一、《义务教育化学课程标准（2022 年版)》对真实问题情境的界定

《义务教育化学课程标准（2022 年版)》虽然没有明确界定真实问题情境概念，但是对真实、具体的问题情境的价值和意义进行了强调。真实问题情境是指学生在学习化学过程中所面临的、与实际生活或生产实践相关的问题或任务，这些问题或任务需要学生运用化学学科知识、技能和素养来解决或完成。

#### （一）真实问题情境的特征

1. 真实性

在化学教学中，真实问题情境的特征之一是真实性。这意味着所涉及的问题或任务是真实存在于学生的实际生活或生产实践中，而非虚构或想象的。例如，教师可以创设一个关于食品添加剂的真实问题情境，让学生了解食品添加剂的化学成分、作用和副作用，以及如何在保证食品安全的前提下合理使用食

品添加剂。这样的问题情境与学生的日常生活密切相关，能够帮助他们更好地理解和应用化学知识。

2. 具体性

真实问题情境的另一个特征是具体性。这意味着所涉及的问题或任务应该是具体的、明确的，而不是抽象的、模糊的。例如，教师可以创设一个关于"水的净化"的问题情境，让学生学会利用化学方式来净化山中的自然水。这样的问题情境具体而明确，能够帮助学生更好地掌握化学知识，并培养他们解决实际问题的能力。

3. 复杂性

真实问题情境往往具有一定的复杂性，需要学生综合运用多种知识、技能和素养来解决或完成。例如，教师可以创设一个关于环境保护的问题情境，让学生了解污染物的化学成分、对环境和生物的影响，以及如何通过化学反应的方法处理污染物。这样的问题情境需要学生综合运用化学、生物、环境科学等多方面的知识和技能，培养他们的综合素养和解决实际问题的能力。

4. 价值性

真实问题情境所涉及的问题或任务具有重要的现实意义和价值。例如，教师可以创设一个关于"检测山泉水的酸碱值"的问题情境，让学生了解山中水资源的酸碱度，以及如何通过简单的化学试纸进行水的酸碱度测试。这样的问题情境不仅能够帮助学生学习化学知识，还能够培养他们的社会责任感和环保意识，让他们意识到化学知识对社会发展和人民生活的巨大贡献。

## （二）化学教学中真实问题情境创设的意义

### 1. 增强学生的学习兴趣和动力

真实问题情境能够帮助学生更好地理解化学知识在解决实际问题中的应用，让学生感受到化学学科的价值和作用，从而增强其学习兴趣和动力。

真实问题情境的创设可以让学生直接接触到化学知识在实际生活和生产中的应用，帮助他们了解化学知识的应用价值和实用性。这将使化学知识的学习更加生动、具体，减少抽象和理论化的感觉，从而增强学生的学习兴趣。

此外，真实问题情境的解决需要学生运用化学知识进行分析、推理和解决问题，这将使学生更加深入地了解化学知识的本质和应用。这种解决问题的过程将让学生感受到化学学科的重要性和挑战性，激发他们的学习动力。

例如，教师可以设计一个关于"水质分析"的问题情境，让学生运用化学知识分析水质的成分和污染情况，并制订相应的处理方案。这将帮助学生了解化学知识在水质保护和环境治理中的应用，增强他们的学习兴趣和动力。

2. 提高学生的思维能力和创新能力

真实问题情境通常是复杂和多变的，往往需要学生综合运用多种知识和技能来解决，这不仅能够帮助学生巩固所学知识，还能够在一定程度上提高学生的思维能力和创新能力，帮助他们更好地组织和运用知识。

此外，真实问题情境的解决需要学生具有一定的创新意识和能力。学生需要从多个角度思考问题、寻找解决方案，并不断尝试和改进。这种创新思维和创新能力的培养将帮助学生更好地适应未来的社会发展需求，提高他们的竞争力和就业能力。

例如，教师可以设计一个"山区灭火"的问题情境，山区容易发生火灾，让学生思考如何运用化学知识才能更有效地灭火，从而帮助学生提高综合思考能力和创新能力，培养他们的科学素养和探究精神。

3. 培养学生的科学素养和社会责任感

真实问题情境可以让学生更加关注社会和环境问题，从而培养其科学素养和社会责任感，促进其全面发展。

真实问题情境通常涉及社会热点问题和环境问题，如环境保护、能源危机等。通过解决这些问题，学生可以更加深入地了解社会和环境问题的重要性，意识到自己的社会责任和义务，从而培养他们的社会责任感和环保意识。

此外，真实问题情境需要学生运用科学知识对问题进行分析和解决，这将培养学生的科学素养和科学思维方式。这种科学素养的培养将帮助学生更好地理解科学知识在社会发展中的作用和价值。

例如，教师可以设计一个关于环保方案的问题情境，让学生运用化学知识分析环境污染情况并提出解决方案。这将帮助学生了解环保问题和化学知识之间的关系，培养他们的环保意识和科学素养。

因此，《义务教育化学课程标准（2022 年版）》提倡在化学学科中加强真实问题情境的创设，以帮助学生更好地理解和应用化学知识，提高其解决实际问题的能力，落实立德树人的根本任务，实现化学学科育人的目标。

## 二、化学学科核心素养与真实问题情境创设之间的关系

从化学观念、科学思维、科学探究与实践、科学态度与责任四个方面来看，真实问题情境的创设对于培养学生的化学学科核心素养具有重要的意义。

在化学学科的教育过程中，教师应该注重从这四个方面进行真实问题情境的创设，充分发挥其作用和价值，不断提高学生的化学学科核心素养和科学素质水平。

### （一）化学观念与真实问题情境创设

真实问题情境的创设可以帮助学生了解化学观念在实际生活中的应用和意义。例如，在有关食品添加剂的问题情境中，学生可以通过对食品添加剂的种类、作用和安全性的分析和探究，更好地理解化学中的物质和变化观念。这将有助于学生巩固和深化化学观念，将化学观念更好地应用到实际生活中。

### （二）科学思维与真实问题情境创设

在科学思维方面，真实问题情境的创设可以帮助学生更好地掌握科学探究的方法和思路。例如，在有关环保方案的问题情境中，学生可以通过对环境污染状况的分析、污染物的化学性质和危害性的研究，以及提出解决方案等实践方式，运用科学思维来解决实际问题。这将培养学生的科学探究能力和创造性思维，提高其解决问题的能力和水平。

### （三）科学探究与实践和真实问题情境创设

在科学探究与实践方面，真实问题情境的创设可以帮助学生了解科学研究的基本方法和实际应用。例如，山区学生对化肥并不陌生，在有关"化学肥料"的问题情境中，学生可以通过对化肥的成分、性能测试等方面的实验和研究，了解化肥成分的基本方法和实际应用，培养实践能力和科学探究的精神，提高科学素质水平和实践能力。

### （四）科学态度与责任和真实问题情境创设

在科学态度与责任方面，真实问题情境的创设可以帮助学生了解化学学科对于社会发展和人民生活的重要性。例如，在能源开发的问题情境中，学生可以通过对新能源的化学原理、开发和应用前景的探究，了解到能源开发的重要性和紧迫性，激发其对科学研究的热情和责任感。这将有助于培养学生的科学态度和责任意识，提高其对于社会问题的关注度和参与度。

## 三、真实问题情境创设的情境素材

《义务教育化学课程标准（2022 年版）》对真实问题情境的情境素材提出了一些建议，情境素材包括生活素材、实验探究素材、社会热点素材、跨学科素材，以及科技发展素材，每一种素材都有其个性特点，都值得认真研究利用。

### （一）　生活素材

化学与生活密切相关，利用日常生活中的真实问题情境作为化学学习的情境素材，可以帮助学生更好地理解化学知识在生活中的作用和应用。

首先，生活中的化学现象无处不在，利用这些现象作为情境素材可以激发学生的学习兴趣和探究欲望。例如，教师在讲解"乳化作用"这一知识点时，可以引入"如何去除衣物上的油渍"这个现实生活中的问题，让学生通过探究不同物质的性质和变化，寻找有效去除油渍的方法。这样的情境素材不仅可以帮助学生理解物质的性质和变化规律，还可以让他们学会如何将化学知识应用到实际生活中。

其次，生活中的化学问题也涉及很多方面的化学知识，可以帮助学生拓宽化学学习的视野。例如，"如何制作豆腐"这个问题涉及物质的化学反应和物质的分离等化学知识。通过探究豆腐的制作过程，学生可以了解豆浆中的蛋白质和凝固剂之间的化学反应以及水和其他物质的分离过程等知识。这样的情境素材不仅可以帮助学生理解化学知识在食品加工中的应用，还可以让他们了解传统食品制作中的化学原理。

最后，利用生活素材作为情境素材还可以培养学生解决问题的能力。例如，"如何正确使用化学物质"这个问题涉及化学品的分类、化学品的储存和使用等知识。通过学习这些知识，学生可以掌握正确使用化学物质的方法，了解化学品对人类和环境的影响。这样的情境素材不仅可以提高学生解决问题的能力，还可以培养他们的社会责任感和环保意识。

### （二）　实验探究素材

化学是一门以实验为基础的学科，利用实验探究可以帮助学生更好地理解化学知识。

首先，实验探究可以让学生亲身经历化学反应的过程和结果，增强他们对化学知识的理解和记忆。例如，"制取氧气"这个问题涉及氧气的物理性质和化学性质、物质的变化等知识点，通过亲自动手实验，学生可以观察到氧气的性质和变化，从而更好地理解这些知识点。

其次，实验探究还可以培养学生的科学思维能力和实践能力。例如，"如何制备某种化学物质"这个问题涉及物质的制备方法和实验操作技能等知识点，通过实验探究，学生可以习得设计制备流程、操作实验设备、分析数据等科学思维和实践能力，培养他们的科学素养和实践能力。

最后，利用实验探究素材还可以培养学生的创新意识和科学精神。例如，"如何解决化学实验中的问题"这个问题涉及实验原理、实验操作技巧、实验数据处理等知识点。通过解决实验中遇到的问题和挑战，学生可以增强创新意识和科学精神，学会独立思考和解决问题。

### （三）社会热点素材

社会热点往往涉及化学知识，教师可以利用社会热点问题作为情境素材。

首先，社会热点问题往往关系到人类的生存和发展，引入社会热点问题可以帮助学生更好地了解社会和人类的发展需求。例如，"如何看待食品安全问题"这个问题涉及食品添加剂、食品污染、营养健康等方面的化学知识。通过学习这些知识，学生可以了解食品安全的科学内涵、影响食品安全的因素以及保证食品安全的措施等。这样的情境素材不仅可以帮助学生提高对健康饮食的认识，还可以让他们更好地关注人类的生命健康问题。

其次，社会热点问题也是科学研究的重点之一，引入社会热点问题可以帮助学生了解最新的科研成果和研究方向。例如，能源危机是社会常见的问题，"如何解决能源危机"这个问题涉及能源的种类、能源的转化和利用、能源的环境影响等方面的化学知识。通过学习这些知识，学生可以了解最新的能源研究和应用进展以及未来能源发展的趋势等。这样的情境素材不仅可以帮助学生了解科学研究的前沿动态，还可以激发他们的科研兴趣和创新精神。

最后，利用社会热点素材还可以培养学生分析和解决问题的能力。例如，"如何应对环境污染问题"这个问题涉及污染物的种类、污染物的排放和治理、环境保护等方面的化学知识。通过学习这些知识，学生可以了解环境污染的原因和解决方法以及环境保护的措施等。

### （四）跨学科素材

化学与其他学科之间存在联系，利用跨学科的问题作为情境素材，可以帮助学生形成全面的知识体系，提高其综合分析问题的能力。

跨学科的情境素材可以帮助学生将不同学科的知识进行整合。例如，"化学与生物之间的关系"这个问题涉及化学和生物两个学科的知识。通过学习化学知识，学生可以了解生物体内化学物质的种类、性质和作用；通过学习生物知识，学生可以了解生物体如何利用化学物质进行生长、代谢和调节等。这样的情境素材可以帮助学生将不同学科的知识进行整合，深化他们对生物系统的综合理解。

跨学科的情境素材可以帮助学生更好地理解科学研究的本质。科学研究往往涉及多个学科领域，利用跨学科的问题作为情境素材可以帮助学生了解科学研究的过程和方法。例如，"化学与地理之间的关系"这个问题涉及化学和地理两个学科的知识。通过学习化学知识，学生可以了解地理中的生态系统中化学物质的种类、性质和作用；通过学习地理知识，学生可以了解地理中的生态系统如何利用化学物质进行物质循环和能量流动等。这样的情境素材可以帮助学生更好地理解科学研究的本质，提高他们的科研素养和综合能力。

### （五）科技发展素材

化学学科在科技发展中扮演着重要角色，利用科技发展的问题作为情境素材，可以帮助学生了解化学学科的重要性和发展趋势。

首先，科技发展素材可以帮助学生了解化学学科在科技发展中的作用。例如，"新材料的开发和应用"这个问题涉及化学新材料的研究、制备和应用等方面的知识。通过学习这些知识，学生可以初步了解化学学科在材料科学、能源科学、环境科学等领域的作用和地位，此类情境素材可以帮助学生树立对化学学科的自信心和自豪感。

其次，科技发展素材可以帮助学生了解化学学科的发展趋势和发展前景。例如，"新能源的探索和应用"这个问题涉及化学能源的研究、制备和应用等方面的知识。通过学习这些知识，学生可以了解化学学科在能源科学、环境科学等领域的发展趋势和发展前景，此类情境素材可以帮助学生了解化学学科的发展方向和未来职业发展的机会。

最后，利用科技发展素材还可以培养学生的创新意识和科技精神。例如，"生物技术的发展和应用"这个问题涉及基因工程、蛋白质工程、细胞工程等方面的生物技术。通过学习这些知识，学生可以了解新技术在生命科学领域的应用和对人类社会的影响等。这样的情境素材不仅可以帮助学生了解科技发展的前沿动态，还可以激发他们的科技兴趣和创新精神，培养他们的科技素养和综合能力。

由此可见，《义务教育化学课程标准（2022 年版）》对真实问题情境的情境素材建议是非常重要的。利用生活素材、实验探究素材、社会热点素材、跨学科素材和科技发展素材等多样化的情境素材，可以帮助学生更好地理解化学知识、提高综合分析问题的能力、培养创新意识和科技精神。因此，教师在化学教学中应该注重引入真实问题情境的情境素材，让学生更好地了解化学学科的重要性和发展趋势，提高他们的科学素养和实践能力。

# 第二章　山区初中化学教学中真实问题情境的创设

在山区初中化学教学中，创设真实问题情境既有特殊的意义，又有挑战。为了提高学生的学习兴趣和参与度，培养他们的探究能力和创新思维，促进学生的全面发展，教师可以从学生的日常生活、当地特色产业或企业以及自然现象和社会热点事件中寻找和提炼与化学相关的真实问题，结合教学大纲和学生的实际情况，精心创设真实、生动、直观而又富有启迪性的学习情境。教师通过这些情境的创设，可以让学生更好地理解化学知识在生活、生产中的应用，同时也可以培养学生的探究能力、创新思维和社会责任感。这不仅可以提高山区初中化学教学的质量，也可以加快山区教育的现代化进程。

## 第一节　真实问题情境创设的价值

山区初中化学教学中真实问题情境创设的价值体现在多个方面，特别是能够结合山区特色，将教育与当地环境、社会实际问题紧密联系在一起，提高学生的科学素养和学习质量，培养他们的探究精神和创新能力，从而加快山区教育的现代化进程。

### 一、提高学生兴趣

真实的问题情境能够有效地激发山区学生对化学知识的兴趣和好奇心，调动他们的学习积极性。兴趣是学习的最好动力，对于山区的学生来说，他们对于化学的认知往往停留在基础阶段，对于更深入的化学知识缺乏了解和兴趣。通过引入真实的问题情境，教师可以帮助学生发现化学知识与日常生活的联系，从而激发他们的学习兴趣。例如，如何用化学方法净化溪水、如何利用化学原理提高农作物的产量等，这些都是教师可以利用的问题。

在具体的教学过程中，教师可以根据教学内容和教学目标，设计具有挑战性和实际意义的问题情境。例如，在教授"化学肥料"这一知识点时，教师可以结合学生日常见过的化肥，引入利用化学原理提高农作物产量的实例，让学生了解不同物质之间的相互作用和变化规律，从而培养他们的科学思维方法和科学素养。

此外，教师还可以通过生动有趣的实验吸引学生的注意力。例如，在教授"溶液"这一知识点时，教师可以演示一些有趣的实验，如用不同种类的果汁制作饮料，让学生观察实验现象并思考其中的原因，进而使其深入理解溶液的概念。通过这种方式，教师可以帮助学生更好地理解化学知识在日常生活中的应用，激发他们的学习兴趣和好奇心。

## 二、强化理论联系实际的能力

将化学知识与山区学生的生活、当地的环境和社会实际问题紧密结合，可以帮助学生更好地理解化学原理，强化理论联系实际的能力。对于山区的学生来说，他们理解化学原理往往存在一定的困难。而将化学原理与当地的生活实际、环境问题和社会问题相结合，可以帮助学生更好地理解化学原理，并且能够强化其理论联系实际的能力。

首先，教师需要了解学生的生活实际、当地的环境和社会问题。山区学生的生活情况、当地的环境和社会问题与城市有很大的不同，了解清楚后才能更好地将化学知识与这些实际问题相结合。例如，在教授"物质的性质和变化"这一知识点时，教师可以引入当地的环境问题，如水土流失和农业污染等，从而帮助学生更好地理解化学原理的应用。

其次，教师需要将化学知识与实际生活相结合。教师可以通过实例、案例等方式将化学知识与实际生活相结合，从而帮助学生更好地理解化学原理。例如，在教授"物质的鉴别"这一知识点时，教师可以引入实际生活中的例子，如何鉴别真假化肥、如何检测水源等，从而帮助学生更好地理解化学原理的应用。

最后，教师应鼓励学生参与实践活动，让学生在实践过程中学会运用化学知识去解释化学现象，解决生活中的化学问题。学生可参加环保活动、化学科普宣传等，这些活动可以培养学生的社会责任感和实践能力。在环保活动中，学生可以了解化学污染形成的原因，并探索解决化学污染的有效方式。

### 三、培养问题解决能力

学生通过解决真实问题，可以锻炼分析问题、解决问题的能力，提高自身的科学素养。

解决问题是学习化学的重要目标之一，通过解决真实问题，学生可以学会分析问题、寻找解决方案、评估结果的科学方法，从而提升自身的科学素养。在具体的教学过程中，教师可以根据教学内容和教学目标，设计具有挑战性和实际意义的问题情境。例如，为了让学生了解化学实验的重要性，教师可以引导学生思考如何利用化学原理提高农作物的抗病虫害能力和农产品品质；让学生了解不同物质之间的相互作用和变化规律，从而培养他们的科学思维方法和科学素养；通过引入实例、案例等方式将化学知识与实际生活相结合，帮助学生更好地理解化学原理。同时，教师还可以通过组织实践活动的方式，让学生深入了解化学知识的应用和实践意义。

教师需要选择恰当的问题情境，在选择问题情境时，教师需要考虑问题情境的真实性、可行性和挑战性。例如，在讲授"酸碱中和"这一知识点时，教师可以根据不少学生家长都有胃病的现实情况，引导学生分析了解胃病的原因之一就在于胃酸过多，其会给胃部带来伤害。根据酸碱中和原理，不少胃药都是呈碱性的，通过中和胃酸的方式可以缓解病情。因此，教师可以让学生研究胃药的主要成分，观察其是否具有碱性特征。

在解决问题的过程中，教师需要给予学生必要的指导和帮助，帮助他们克服困难和解决问题。同时，教师还需要引导学生对解决问题的过程进行反思和总结，帮助学生学会分析问题、寻找解决方案的科学方法，提升他们的科学素养。在山区也会使用多种化学用品，其中部分化学用品会给环境带来污染，因此教师应让学生了解化学用品的特性，了解其环保特征，也可以使学生了解如何解决环保问题。

通过将化学知识与学生的生活、当地的环境和社会实际问题相结合，教师可以帮助学生更好地理解化学原理，提升他们的科学素养。这对于培养他们的科学素养和为地方经济发展服务的意识具有重要意义。

### 四、培养探究精神

真实问题情境能够引导学生进行深入的探究，培养他们的创新思维和科学探究精神。化学是一门需要进行实验和探究的学科，真实问题情境的创设可以引导学生通过观察实验现象、分析和解释数据，得出结论并解决问题。这种探究过程能够使他们更好地理解和掌握化学知识。

例如，教师可以引导学生探究不同物质在不同条件下的化学反应，通过实验观察和分析，探究反应机理、产物和影响因素等。教师也可以组织学生进行化学实验竞赛，让他们自主设计实验方案、进行实验操作、分析和解释数据，最终得出结论并提出解决方案。这些探究活动能够培养学生的创新思维和科学探究精神，提高他们的科学素养。

同时，教师还可以鼓励学生主动提出问题，引导他们进行自主探究。当学生在学习过程中遇到问题时，教师可以鼓励他们大胆提问，并引导他们自主寻找答案。这种探究过程可以培养学生的主动性和独立性，让他们学会自主探究和学习。

## 五、提升社会责任感

学生通过关注和解决社会热点问题，可以培养社会责任感，并认识到化学知识对社会发展的重要性。化学知识在社会热点问题中发挥着重要的作用，例如环境治理、公共卫生、能源开发等。教师通过在化学教学中引入社会热点问题，可以让学生了解化学知识对社会发展的重要性，培养他们的社会责任感。

例如，教师可以引导学生关注环境问题，如空气污染、水污染等，通过探究污染物的来源、影响和治理方案，培养学生的环保意识和责任感。教师也可以组织学生参加环保实践活动，如到当地河流或湖泊边进行水质检测、植树造林等，让他们亲身体会环境问题与己息息相关，并培养他们的环保意识和责任感。

同时，教师还可以引导学生关注食品安全问题。通过学习化学知识，学生可以了解食品添加剂、农药残留等对身体健康的影响，从而培养他们的健康意识和食品安全意识。教师可以组织学生参加食品安全宣传活动或参观食品企业，让他们了解食品生产的流程和食品安全的重要性，从而培养他们的社会责任感。

此外，教师还可以引入与能源相关的社会热点问题，例如，如何利用化学知识提高能源利用效率、开发可再生能源等问题。教师通过引导学生思考这些问题，可以让他们认识到化学知识在解决能源问题中的重要性，从而培养他们的能源意识和责任感。

学生通过关注和解决社会热点问题，可以更好地理解化学知识对社会发展的重要性，培养社会责任感和科学素养。这对于培养他们的科学素养和对地方经济发展的服务意识具有重要意义。

## 六、促进合作学习

真实问题情境往往需要学生之间进行合作学习，这可以培养学生的团队协作精神，同时也可以提高他们的交流和表达能力。合作学习是一种重要的学习方式，它可以促进学生之间的交流和合作，提高他们的团队协作能力和交流表达能力。真实问题情境的创设可以引导学生进行合作学习，共同解决问题。

例如，教师可以组织学生进行小组讨论或合作学习，针对某一真实问题情境展开讨论和探究。在讨论和合作过程中，学生可以互相交流意见、分享思路和方法，从而找到解决问题的最佳途径。合作学习还可以培养学生的倾听、表达和反思能力，让他们更好地与他人合作、交流和学习。这种合作学习的方式不仅可以提高学生的学习效果，还可以培养团队协作精神和交流表达能力。

同时，教师还可以设置一些合作学习的任务，如小组实验、化学项目研究等。这些任务需要学生之间进行分工合作，共同完成任务。这种合作学习的方式可以培养学生的团队合作能力和协调能力，同时也可以提高他们的实践能力和创新能力。

为此，教师需要选择恰当的真实问题情境。在选择问题情境时，教师需要考虑问题的实际意义、复杂性和挑战性。例如，教师可以引入当地的环境问题，如水土流失和农业污染等，探讨其中的化学原理，让学生思考是否能够运用化学知识来解决问题。这种问题情境的创设可以帮助学生将化学原理与实际生活联系起来，从而更好地理解化学原理。

另外，教师需要引导学生进行深入的探究。通过探究活动，学生可以将化学知识与实际生活相结合，从而更好地理解化学原理。例如，在教授"燃烧及其利用"一课时，教师可以演示一些有趣的燃烧实验，让学生选用不同的燃烧材料在不同的气体中进行燃烧，观察其现象，从而更好地了解燃烧的本质。通过这一实验，学生能够意识到燃烧是一种化学反应，并且认识到燃烧现象与燃烧材料和气体的选择有一定关联。

## 七、培养科学思维和科学方法

真实的问题情境可以引导学生从科学的角度思考问题，培养他们的科学思维和科学方法。

科学思维和科学方法是科学研究中非常重要的思维方式和工作方式，包括观察、提出问题、假设、实验、数据分析、得出结论等方面的能力和技巧。在化学教学中，教师可以通过引入真实的问题情境，引导学生从科学的角度思考问题，培养他们的科学思维和科学方法。例如，教师可以引入一些与化学相关的社会热点问题，如食品安全、环境保护等，引导学生运用化学知识来分析和解释这些问题。在分析问题的过程中，学生会用到观察、推理、实验等科学方法和技巧，因而可以培养科学思维和科学方法。

同时，教师还可以引导学生通过化学实验来探究物质的性质和变化规律，让他们了解化学知识的来源和应用。在实验过程中，学生需要进行实验设计、操作、数据分析和得出结论等步骤，这些都是科学思维和科学方法的具体体现。学生通过不断进行实验探究和解决问题，可以逐渐培养自己的科学思维，掌握科学方法，提高科学素养。

## 八、弘扬科学精神

学生通过解决真实问题，可以弘扬"求真、求实、创新"的科学精神，提高科学素养。

"求真、求实、创新"是科学精神的核心，它代表着科学家们追求真理、实事求是、开拓创新的科学态度和精神风貌。在化学教学中，学生通过解决真实问题，可以了解科学家们追求真理、探索未知、不断创新的精神风貌，从而弘扬科学精神。

## 九、提高教学质量

创设真实问题情境可以使教学更加生动、直观，提高教学效果和教学质量。

在化学教学中，教师通过引入真实的问题情境，可以让学生更好地理解和掌握化学知识，并且能够将理论知识与实际生活相结合，使学习更加有趣、生动。同时，真实问题情境的创设也可以帮助学生在学习过程中发现和解决问题，提高他们的自主学习能力。

例如，在教授"化学元素与人体健康"这一知识点时，教师可以引入一些实际生活中的例子，如食品添加剂、各种化学药品对人体影响的化学原理等。通过这些真实的例子，教师可以使学生更好地理解化学元素对人体健康的影响因素和实际应用，从而提高教学效果和教学质量。

此外，教师还可以利用多媒体技术辅助教学，例如通过视频、图片等展示实验操作过程、物质微观结构和化学反应机理等，让学生更加直观地了解化学知识。这些方法不仅可以提高教学质量，还可以培养学生的兴趣和创新能力。

## 十、促进教育公平

将优质的教育资源引入山区可以帮助山区学生接触到先进的科学知识和技术，提高他们的科学素养，缩小城乡教育差距，促进教育公平。

教育公平是社会公平的重要内容之一，而山区教育的发展一直是教育公平的难点和重点。由于地理环境、经济条件等多方面的原因，山区学生往往面临着学习资源不足、师资力量薄弱等问题，导致他们在接受教育方面处于不利地位。

然而，将优质的教育资源引入山区可以帮助山区学生接触到先进的科学知识和技术，提高他们的科学素养。例如，可以组织城市里的优秀教师到山区学校开展支教活动，为当地学生提供优质的教育资源；可以呼吁社会大众捐赠图书、电脑等学习用品，为山区学生提供更好的学习条件；可以联系有关企业为山区学校提供远程教育资源和技术支持，让山区学生接触到更多的知识信息。这些措施不仅可以提高山区学生的科学素养，还可以缩小城乡教育差距，促进教育公平。

同时，政府也应该加大对山区教育的投入和支持，改善山区学校的教学设施和教学环境，提高教师的待遇和培训水平，为山区学生提供更好的教育机会和发展平台。这些措施可以促进山区教育的发展，从而促进整个社会的教育公平和发展。

### 案例一：山泉水属于"软/硬水"的鉴定

山泉水对山区的孩子而言，不仅仅是饮用的水源，更是他们与大自然联系的纽带。在山村，孩子们会在山泉水中嬉戏、游泳，用山泉水帮助家人洗衣、做饭。这些活动让他们对山泉水有着深深的感情。然而，鉴别山泉水的硬度对于孩子们的健康成长至关重要。硬水中含有大量的矿物质，其中主要是钙离子和镁离子，这些离子在煮沸或与肥皂一起使用时会产生水垢和浮渣。长期饮用硬水可能会影响孩子的骨骼和牙齿健康，甚至影响他们的正常发育。因此，让孩子们了解鉴别山泉水硬度的方法，不仅可以帮助他们判断自己的饮用水是否安全，也可以帮助他们更好地认识自己与大自然的联系。在实验过程中，他们可以学习到科学探究的方法，通过观察和对比，了解硬水和软水的不同。同时，他们也可以了解到保护水资源的重要性，从而更加珍惜和保护大自然。此外，这个实验也可以培养孩子们的团队合作精神。在实验过程中，他们需要相互协作，共同完成实验。通过交流和合作，他们可以更好地理解团队的重要性，形成良好的团队合作精神和人际交往能力。

1. 课标分析

本实践案例旨在让学生通过实验手段了解和掌握软/硬水的区别和检测方法，符合初中化学课程标准的实验要求。

初中化学课程标准提出，要让学生了解溶液的组成和性质，并能够通过实验手段判断溶液的组成和性质。本实践案例通过让学生了解和掌握软/硬水的概念和检测方法，进一步加深学生对溶液相关知识的理解和掌握程度。

2. 教材分析

本实践案例主要基于初中化学教科书中的"软水和硬水"章节，通过动手操作的方式，让学生掌握溶液的组成、性质以及软/硬水的鉴别方法。

溶液是初中化学的重要概念之一，而溶液的组成和性质与其溶质和溶剂的种类和比例有关。在溶液中，溶质被溶剂溶解，形成均一、稳定的混合物。本实践案例通过让学生了解软/硬水的概念和检测方法，进一步加深学生对溶液的组成和性质的理解。

3. 学情分析

本实践案例面向的是初中生，他们已经掌握了一定的化学基础知识，但对于溶液中溶质和溶剂的概念和判断还需要加深理解。此外，学生对于软/硬水的概念和检测方法也需要通过实验形成直观的认识。

初中生的化学基础知识相对较少，但已经具备了一定的实验操作能力和观察能力。本实践案例通过实验的方式让学生直观地了解软/硬水的概念和检测方法，不仅可以提高学生的实验操作能力和观察能力，还可以提高学生对化学知识的理解和掌握程度。

4. 教学目标

（1）知识与技能：通过本实践案例的学习，学生将了解软/硬水的概念及区别，包括软/硬水对日常生活的影响以及如何正确检测软/硬水等知识点。同时，学生将掌握软/硬水的检测方法，包括使用硬度计等实验器材进行溶液的检测和分析。

（2）过程与方法：通过本实践案例的实验操作环节，学生将掌握实验操作的基本步骤和方法，包括实验器材的使用、实验数据的记录和分析等。同时，学生将学会观察实验现象并记录实验结果，从而提高实际应用能力和科学素养。

（3）情感态度与价值观：本实践案例将结合生活实际，让山区学生了解到化学在日常生活中的应用以及化学与生活的紧密联系。这种实验的方式可以让学生感受到化学的趣味性，激发学生对化学学习的兴趣和热情。

5. 教学重难点

（1）教学重点：本实践案例将通过实验的方式让学生掌握软/硬水的鉴别方法和检测步骤。学生将学会使用硬度计等实验器材进行溶液的检测和分析，并能够根据实验结果正确判断出溶液的软硬程度。

（2）教学难点：本实践案例将通过实验的方式让学生直观地理解软/硬水的区别，并能够正确判断山泉水的软硬程度。教师将在实验过程中进行巡回指导，及时纠正学生的错误操作并解答学生的疑问。

6. 教学思路（教学设计框架）

（1）引入（3分钟）：在引入环节中，教师将通过展示一些图片或视频资料来帮助学生了解软/硬水的概念和区别。同时，教师将引出本实践案例的主题——山泉水属于"软/硬水"的鉴定，为学生讲解本实践案例的主要内容和目标。

（2）实验准备（5分钟）：在实验准备环节中，教师为学生准备实验所需器材和试剂，包括硬度计、烧杯、试管等。同时，教师应详细讲解实验步骤和注意事项，特别是如何正确使用硬度计进行溶液的检测。教师还应为学生演示正确的实验操作步骤和方法，帮助学生了解如何进行实验操作并保证实验的安全性。

（3）学生分组实验（20分钟）：在学生分组实验环节中，学生按照教师讲解的步骤进行实验操作，包括取样、加入试剂、搅拌、记录数据等。教师在巡回指导过程中及时纠正学生的错误操作并解答学生的疑问。同时，教师要求学生拍照记录实验现象和过程，以便在结果分析和总结环节中进行展示和讨论。

（4）结果分析（8分钟）：在结果分析环节中，学生根据实验现象和数据进行分析，判断山泉水的软硬程度。教师可以组织学生进行小组讨论，鼓励学生阐述自己的解释和看法。随后，教师对学生的分析进行纠正和点评，引导学生得出正确的结论。

（5）教师点评与总结（7分钟）：在教师点评与总结环节中，教师对学生的实验结果和分析进行总体评价，给出正确的答案。同时，教师强调本实践案例中的重点知识和难点问题，帮助学生进一步加深对软硬水概念和检测方法的理解。

（6）作业布置（2分钟）：在作业布置环节中，教师要求学生根据本实践案例所学知识，写一篇关于软/硬水区别的短文。学生可以结合自己的生活经验，探讨软/硬水对日常生活的影响以及如何正确使用软/硬水。同时，教师提醒学生在日常生活中要注意软/硬水对生活的影响，培养学生的生活常识和化学意识。

7. 板书设计

> 山泉水属于"软/硬水"的鉴定：
>
> 软/硬水的概念和区别
>
> 软/硬水的检测方法
>
> 实验步骤和注意事项
>
> 结果分析和结论总结

## 第二节　真实问题情境创设的要求

初中化学真实问题情境创设应该具备以下特点：情境真实可信，与学习内容相关，具有实践性、探究性、综合性和可控性，能启发学生的思考和创造力，传递正确的价值观和科学思想，引导学生接触新的科学知识和技术，并结合现代科技手段提高教学效果和质量。

## 一、真实性

创设的问题情境应该是真实、可信的，符合学生的生活和实际经验，以引起学生的共鸣和兴趣。真实性是问题情境创设的重要原则之一。化学是一门与实际生活紧密相关的学科。因此，教师通过引入真实、可信的问题情境，可以让学生更好地理解和应用化学知识，同时也可以提高他们的学习兴趣和动力。

例如，在教授"化学元素与人体健康"这个知识点时，教师可以引入一些实际生活中的例子，如食品添加剂、化妆品成分等，让学生了解这些物质的基本性质和变化规律，同时也可以引导学生思考这些化学物质会对身体产生什么样的影响。这种真实的问题情境可以帮助学生更好地理解化学知识的实际应用，提高他们的学习兴趣和动力。

在教授"爱护水资源"这一课时，教师可以引入以下真实、可信的问题情境：

一家大型化工厂的废水超标排放，导致河流受到严重污染，下游地区出现大量的死鱼和生病的鱼类。为了解决这个问题，工厂需要寻找一种有效的方法来处理废水，并确保处理完的废水达到国家标准。

这个情境可以让学生了解化学物质的性质和变化规律，以及如何利用化学知识解决实际问题。同时，这个问题也可以引起学生的共鸣和兴趣，激发他们的学习动力。

在引入问题情境后，教师可以设置如下任务引导学生进行深入探究：

任务一：分析工厂废水中的化学物质，以及这些物质对环境和生物的影响。

任务二：研究废水的处理方法，包括化学法、物理法和生物法等，并比较它们的优缺点。

任务三：设计实验方案，研究不同处理方法对废水中的化学物质的影响，并确定最佳的处理方法。

任务四：结合当地的环境和资源特点，评价不同处理方法的可行性和优缺点。

通过这些探究活动，学生可以培养自己的观察能力、思考能力和解决问题的能力，同时也可以提高学习兴趣和动力。另外，教师还可以鼓励学生参与到问题情境的创设中来，让他们从自己的生活经验出发，提出问题并寻找解决方案。这种做法可以培养学生的创新能力，以及更好地理解和应用化学知识的能力。

为了更好地体现真实性原则，教师可以在问题情境中使用学生熟悉的生活场景、事件或物品（如食品、药品、化妆品等）。同时，教师也可以通过多媒体技术手段，如图片、视频等，让学生更加直观地了解问题情境的真实性和可信性。

## 二、相关性

问题情境应该与所学内容相关，能够帮助学生理解和应用化学知识，提高他们的科学素养。

问题情境的相关性是指所创设的问题情境应该与所学内容密切相关，能够帮助学生更好地理解和应用化学知识，提高他们的科学素养。在化学教学中，问题情境应该与知识点的教学目标、重点和难点紧密相连，让学生在解决问题情境的过程中更好地掌握化学知识。

例如，在讲授"化学物质的分类方式与特点"这一知识点时，教师可以引入以下与所学内容相关的问题情境：

某化工厂在生产过程中产生了多种化学物质，这些物质有些是有毒的，有些则是无毒的。为了对这些物质进行处理，工厂需要对其进行分类，以便将有毒物质和无毒物质分别处理。请你帮助工厂设计一个分类方案，并提出相应的处理建议。

这个情境可以让学生了解物质分类的方法和实际应用，以及如何利用化学知识解决实际问题。同时，这个问题也可以激发学生的兴趣和动力，提高他们的学习效果。

在引入问题情境后，教师可以引导学生进行深入探究，例如：

任务一：分析不同物质的性质和特点，以及这些物质对环境和人体的影响。

任务二：研究不同的分类方法，如根据物质的物理性质、化学性质、来源和用途等进行分类。

任务三：设计实验方案，对不同分类方法进行验证和比较，并确定最佳的分类方法。

任务四：根据确定的分类方法，为每种物质制订相应的处理方案和措施。

通过这些探究活动，学生可以培养自己的观察能力、思考能力和解决问题的能力，同时也可以提高学习兴趣和动力。另外，教师还可以鼓励学生参与到问题情境的创设中来，让他们从自己的生活经验出发，提出问题并寻找解决方案。这种做法可以培养学生的创新能力，以及更好地理解和应用化学知识的能力。

与所学内容相关的问题情境可以帮助学生更好地理解化学知识的实际应用，提高他们的科学素养。为了更好地体现相关性原则，教师需要深入了解教学目标、重点和难点，将问题情境与知识点紧密相连。同时，教师也需要关注学生的实际情况和学习需要，根据学生的兴趣和特点来设计问题情境，确保问题情境能够帮助学生更好地理解和应用化学知识。

## 三、实践性

问题情境应该具有实践性，能够让学生通过实际操作、观察、探究等方式，深入了解化学知识的实际应用。化学是一门以实验为基础的学科，因此，教师通过实践性的问题情境，可以让学生更好地了解化学知识的实际应用，提高他们的实践能力和科学素养。

如在教授不同物质的化学性质时，教师可以组织学生进行实验操作，让学生通过观察和探究不同物质在不同条件下的性质和变化，了解化学知识的实际应用。

又如，在教授"金属的化学性质"这一知识点时，教师可以组织学生制备某种金属物质，例如，硫酸铜制备单质铜，让学生通过实际操作了解制备过程和制备原理。在制备单质铜的过程中，学生需要掌握硫酸铜的性质、制备方法和制备原理等化学知识。同时，他们还需要掌握实验操作技能，如实验器材的使用、实验步骤和实验安全等。

具体来说，教师可以根据以下步骤来组织实践教学：

第一步，准备实验器材和试剂，包括硫酸铜、还原剂、烧杯、试管、玻璃棒、电炉等。

第二步，介绍实验原理和步骤，让学生了解制备硫酸铜的化学反应式、反应条件和实验步骤等。

第三步，组织学生进行实验操作，让他们亲身参与到制备单质铜的过程中。在实验过程中，学生需要认真观察实验现象，并做好实验记录。

第四步，分析实验结果，讨论利用硫酸铜制备单质铜成功或失败的原因，总结实践经验。

通过这种实践性的问题情境，学生可以更好地了解化学知识的实际应用，提高实践能力和科学素养。为了更好地体现实践性原则，教师需要注重实验教学的设计和组织，确保实验内容与知识点紧密相连，难度适中、梯度合理。同时，教师也需要注重实验过程中的安全和指导，确保学生在实验过程中能够安全、有效地进行实践操作。

## 四、探究性

问题情境应该具有探究性，能够引导学生主动思考、发现问题、解决问题，培养他们的创新思维和科学探究能力。探究性是化学学科的重要特点之一。教师通过引入探究性的问题情境，可以让学生更好地了解化学知识的来源和应用，同时也可以培养他们的创新思维和科学探究能力。

例如，在学习初中化学的"金刚石、石墨与$C_{60}$"时，教师可以设计以下探究性问题情境：

问题1：你如何理解"金刚石、石墨和$C_{60}$都是由碳元素组成的"这句话？

问题2：金刚石、石墨和$C_{60}$的物理性质有何不同？

问题3：这些差异的来源是什么？

问题4：它们在化学性质上有哪些相似之处和不同之处？

问题5：你认为这些性质在哪些实际应用中可以发挥作用？

教师可以在课堂上引导学生提出并回答这些问题，通过让学生自己探索并得出结论，培养学生的独立思考能力和科学素养。同时，教师可以借助多媒体技术和实验手段，让学生更直观地了解这些碳单质的性质和结构特点。

教师在引导学生回答上述问题时，可以通过以下方式来使学生理解得更加深入：

问题1和问题2：教师可以展示金刚石、石墨和$C_{60}$的实物或图片，让学生观察它们的外观、光泽和硬度等方面的差异。同时，教师可以让学生查阅资料或进行实验探究，了解它们的物理性质和结构特点。

问题3：教师可以引导学生从原子的排列方式角度进行思考，让学生了解到金刚石是立体网状结构，石墨是层状结构，而$C_{60}$是球状结构。这些不同的结构导致了它们在物理性质上的差异。

　　问题 4：教师可以组织学生设计实验，比较金刚石、石墨和 $C_{60}$ 在化学性质上的差异。例如，让学生分别用这三种物质与氧气反应，观察反应速率和产物的差异；或者让学生分别用这三种物质与酸反应，观察反应速率和产物的差异等。通过实验探究，学生可以得出它们在化学性质上的相似之处和不同之处。

　　问题 5：教师可以引导学生从实际应用的角度思考，让学生了解金刚石可以制作成切割工具、装饰品等；石墨可以制作成电极、热交换器、防护涂料等；$C_{60}$ 可以制作成高效能吸附剂、光电子材料等。这些用途都与它们的性质有关。

　　此外，教师还可以通过展示金刚石、石墨和 $C_{60}$ 的结构模型，让学生更直观地了解它们的内部结构和化学键类型。同时，教师可以引导学生通过类比和归纳的方式，自主发现它们在结构和性质上的规律。

　　学生通过这些探究活动，可以培养自己的观察能力、思考能力和解决问题的能力，同时也可以提高学习兴趣和动力。为了更好地体现探究性原则，教师需要注重实验探究的设计和组织，确保探究内容与知识点紧密相连，并且具有一定的挑战性和启发性。此外，教师也需要注重探究过程中的指导和评价，确保学生在探究过程中能够得到有效的指导和反馈。

## 五、综合性

　　问题情境应该具有综合性，能够涵盖多个化学知识点和学科领域，帮助学生构建完整的知识体系，使学生能够将所学内容融会贯通。通过引入综合性较强的问题情境，教师可以帮助学生将零散的知识点串联起来，加深对化学学科的整体认识。

　　例如，在学习"化石燃料"的这一知识点时，教师可以引入以下综合性较强的问题情境：

　　现代汽车大量采用燃油发动机，其使用的燃料主要是石油。然而，石油是一种不可再生资源，其储量正日益减少。同时，燃烧石油会产生大量的废气和污染物质，对环境和人类健康造成极大的危害。因此，人们正在积极寻找替代石油的清洁能源。其中，氢能被认为是一种最理想的清洁能源。请你设计一种使用氢能的汽车发动机，并探讨这种发动机在使用过程中涉及的化学知识点和学科领域。

这个情境可以让学生了解物质的结构和性质，以及如何利用化学知识解决实际问题。同时，这个问题也可以引起学生的兴趣和动力，增强他们的学习效果。

在引入问题情境后，教师可以引导学生进行如下深入探究：

首先，分析使用氢能作为燃料的原因和优势，以及氢能与环境友好性之间的关系。

其次，研究氢气的制备、储存和运输过程中的化学反应和物理过程，涉及的化学知识点和学科领域。

再次，设计实验方案，模拟氢气制备、储存和运输等过程，观察和分析实验现象和数据。

最后，根据实验结果，总结归纳出氢能作为清洁能源的优点和缺点，以及需要解决的技术难题。

通过这些探究活动，学生可以培养自己的观察能力、思考能力和解决问题的能力，同时也可以提高学习兴趣和动力。

综合性强的问题情境可以帮助学生更好地理解化学知识的实际应用，提高他们的科学素养。为了更好地体现综合性原则，教师需要深入了解教学目标、重点和难点，将问题情境与知识点紧密相连。同时，教师也需要关注学生的实际情况和学习需要，根据学生的兴趣和特点来设计问题情境，确保问题情境能够帮助学生更好地理解和应用化学知识。

## 六、可控性

问题情境应该具有可控性，难度适中、梯度合理，以使学生在教师的引导下逐步解决问题。这意味着教师需要充分考虑学生的实际情况和学习能力，设计出符合学生认知水平的问题。

例如，在教授"物质的分类"这一知识点时，教师可以设计一系列难度逐渐增加的问题情境。教师可以先让学生对一些常见的物质进行分类，如金属、非金属等。然后，教师可以逐渐增加问题的难度，引导学生探讨更复杂的物质分类方法，如酸性氧化物、碱性氧化物等。通过这种方式，学生可以在教师的引导下逐步掌握物质分类的方法和技巧。

为了更好地体现可控性原则，教师需要充分了解学生的实际情况和学习需要，设计出符合学生认知水平的问题情境。同时，教师还需要注重在问题解决过程中给予学生必要的指导和反馈，确保学生能够在教师的引导下逐步解决问题，并在此过程中获得成长和发展。

## 七、启发性

问题情境应该具有启发性，能够启发学生的思考和创造力，培养他们的独立思考和解决问题的能力。启发性原则强调问题情境应具有启发学生的思考和创造力的作用。教师通过引导学生深入思考和探索问题，可激发他们的创造力和批判性思维，培养其独立思考和解决问题的能力。

例如，在学习"二氧化碳的制取"时，教师可以设置以下一系列启发性问题情境：

问题一：你知道哪些方法可以制取二氧化碳吗？

问题二：实验室中常用的制取二氧化碳的药品是什么？

问题三：制取二氧化碳的化学反应原理是什么？

问题四：制取二氧化碳的装置有哪些组成部分？

问题五：制取二氧化碳的实验操作需要注意哪些事项？

问题六：如何检验生成的气体是二氧化碳？

问题七：除了实验室外，还有哪些地方可以制取二氧化碳？

问题八：二氧化碳的用途有哪些？

问题九：二氧化碳的性质有哪些？

问题十：二氧化碳与其他物质的反应有哪些？

通过这些问题，教师可以引导学生自主探究制取二氧化碳的相关知识，激发学生的学习兴趣和主动性，培养学生的探究能力和科学素养。同时，教师可以根据学生的实际情况和教学需要进行适当的调整和补充。

为了更好地体现启发性原则，教师需要关注学生的最近发展区，创设的问题情境应略高于学生的现有水平。同时，教师还需要注重激发学生的主动性和探究精神，鼓励他们多角度思考问题，培养其发散性思维和创新能力。

## 八、教育性

问题情境应该具有教育性，能够传递正确的价值观和科学思想，帮助学生树立科学的人生观和世界观。教师通过将科学知识与实际生活、社会热点等问题相联系，可帮助学生了解科学在社会发展中的作用，培养他们的科学素养和社会责任感。

例如，在教授"环境保护"这一知识点时，教师可以创设一个具有教育性的问题情境："如何有效减少汽车尾气对环境的污染？"这个情境可以引导学生了解汽车尾气的主要成分及其对环境的危害，促使他们思考如何运用化学知识来减少尾气排放。学生通过探究和讨论，可以培养环保意识，树立可持续发展的科学人生观和世界观。

为了更好地体现教育性原则，教师需要关注社会热点问题和科学发展前沿动态，将科学知识与社会发展紧密相连。同时，教师还需要注重培养学生的科学素养和社会责任感，鼓励他们将科学知识应用于实际问题的解决中，促进个人和社会的发展。

## 九、创新性

问题情境应该具有创新性，能够引导学生接触新的科学知识和技术，培养他们的创新意识和创新能力。通过引入新颖、有趣的问题情境，教师可以激发学生的好奇心和探究精神，引导他们从不同角度思考问题。

例如，在学习"物质的化学能量"这一知识点时，教师可以创设以下富有创新性的问题情境：

"假设你是一名化学家，你需要研究和开发一种新型的能源材料。这种材料需要同时满足以下两个条件：一是能够高效地储存和释放能量；二是可以安全、方便地进行充能和放电。请你设计一种方案，并说明你所选择的物质和该物质的化学性质如何满足上述要求。"

这个问题情境能够引导学生了解和掌握物质的分类和化学性质等相关知识点，同时也可以培养他们的创新意识和创新能力。具体来说，学生需要思考以下问题：

问题一：什么样的物质能够同时满足储存和释放能量的要求？

问题二：如何确定该物质的化学性质可以安全、方便地进行充能和放电？

问题三：该物质在充能和放电过程中可能发生哪些化学反应？

问题四：如何控制这些化学反应以达到高效储能和放能的目的？

通过这种问题情境的创设，教师可以引导学生从不同角度思考问题，培养他们的发散性思维和批判性思维，并鼓励他们尝试解决问题的新思路和新方法。同时，这也能够激发学生的学习兴趣和探究精神，培养他们的科学素养和创新意识。

为了更好地体现创新性原则，教师需要关注科学技术的发展动态，创设的问题情境应紧跟科技发展的步伐。此外，教师还需要注重培养学生的发散性思维和批判性思维，鼓励他们尝试解决问题的新思路和新方法。

## 十、技术性

问题情境应该具有技术性，能够结合现代科技手段，如信息技术、化学实验技术等，提高教学效果和质量。现代科技手段包括信息技术、化学实验技术等，具有直观、形象、生动等特点，可以帮助学生更好地理解化学知识。

例如，在教授"物质的检测"这一知识点时，教师可以运用现代科技手段创设一个技术性的问题情境。首先，教师可以利用多媒体技术展示不同物质的检测方法及其应用，通过视频、图片等形式展示不同物质的检测过程和结果，让学生对物质检测的方法有更直观的认识。其次，教师可以组织学生进行实验操作，让学生通过实验掌握物质的检测技巧和实验数据的处理方法。在实验过程中，教师可以实时对学生进行指导，帮助学生掌握正确的实验操作方法和技巧。最后，教师还可以引导学生运用现代科技手段对实验数据进行处理和分析，让学生了解实验数据的意义及其在科学研究中的应用。

为了更好地体现技术性原则，教师需要不断学习和掌握现代科技手段的最新发展，将其有效地融入问题情境中。同时，教师还需要注重培养学生的实践能力和科学素养，鼓励他们运用所学知识解决实际问题。通过组织学生进行实验操作、合作学习和问题解决等实践活动，教师可以帮助学生巩固所学知识，并培养他们的动手能力、创新思维和科学探究能力。此外，教师还需要关注学生的学习特点和需求，根据不同层次的学生进行差异化的教学设计和指导，提高教学的针对性和实效性。通过运用现代科技手段，教师可以帮助学生更好地理解化学知识的实际应用和社会价值，提高他们的学习兴趣和动力，促进教学效果和质量不断提升。

### 案例二：剩饭菜如何保存更健康？

在山区生活中，由于经济因素和传统习惯等问题，许多学生的父母都有保存剩饭菜的习惯，以备下一顿食用。这种做法在某些情况下可能是出于无奈，但是对于健康却有着潜在的危害。首先，剩饭菜在放置过程中，其中的营养成分会被破坏，导致营养价值流失。例如，放置时间过长的蔬菜会失去大量的维生素和矿物质；肉类长时间冷藏或冷冻会导致营养价值流失。其次，剩饭菜在保存过程中可能会滋生细菌，对人体健康造成危害。尤其是在没有适当保存的情况下，细菌会迅速繁殖，使剩饭菜变质，从而导致食物中毒等健康问题。最后，剩饭菜再次加热的过程也可能会产生有害物质。例如，剩菜中含有的亚硝酸盐等物质在加热过程中会转化为致癌物质，对人体健康造成潜在危害。因此，尽管保存剩饭菜可能是一种节约的表现，但为了保障家人的健康，建议尽量避免这种做法。如果实在需要保存剩饭菜，应使用密封性好的容器进行保存，并将其放在避光、阴凉的地方，避免细菌的滋生。同时，我们也要注意加热的温度和时间，确保剩饭菜能够被彻底加热，避免产生有害物质。

教师可通过创设问题情境的方式进行导入：同学们，在我们日常生活中，难免会有剩饭菜。那么，剩饭菜应该如何保存才不易变质，同时又不易对我们的健康造成影响呢？今天，我们就来一起探讨这个问题。

1. 课标分析

本探究活动旨在应用化学知识解决生活中的实际问题，培养学生独立思考和解决问题的能力，以及应用化学知识进行生活实践的能力。

2. 教材分析

本探究活动主要基于初中化学中关于微生物物质变化和物质保存条件的基本知识，如物质的变化、物质的腐烂和变质等。实际问题的解决可帮助学生理解和掌握这些知识。

3. 学情分析

初中生已经具备了一定的化学基础，对物质的变化和保存有一定的了解，但还需要通过实践活动来加深理解和提高应用能力。同时，学生对解决生活中的实际问题往往有较大的兴趣，有利于开展此类探究活动。

4. 教学目标

（1）知识与技能：通过探究活动使学生掌握剩饭菜保存的原理和方法，理解物质变化和保存的基本知识。

（2）过程与方法：培养学生独立思考和解决问题的能力，以及实验操作技能。

（3）情感态度与价值观：通过活动让学生感受到化学知识在生活中的重

要性，培养学生对化学学习的兴趣和积极性。

5. 教学重难点

（1）教学重点：让学生理解如何运用化学知识来保存剩饭菜，掌握基本的实验操作方法。

（2）教学难点：让学生理解物质变化和保存的原理，并能在实际生活中应用。

6. 教学思路与过程

（1）问题引入（3分钟）：通过生活中的实际问题引入新课，引导学生思考如何保存剩饭菜，激发学生的学习兴趣。"同学们，你们知道为什么要这样保存剩饭菜吗？这样的保存方法有什么好处呢？让我们来思考一下。""这样的保存方法可以有效地延长剩饭菜的保质期；可以避免细菌和灰尘等进入食物中，导致食物变质；可以减缓食物内部的化学反应速度，从而保持食物的口感和营养价值；可以避免浪费食物，减少经济损失。"

（2）知识回顾（5分钟）：回顾初中化学中关于物质变化和保存的基本知识，为探究活动打下基础。

剩饭菜变质主要涉及两个方面的化学原理：

①微生物作怪。食物在生产、加工、运输、储存、销售过程中，很容易被微生物污染。只要温度适宜，微生物就会生长繁殖，分解食物中的营养素，以满足自身需要。在这一过程中，食物中的蛋白质会被破坏，食物会发出臭味和酸味，失去原有的韧性和弹性，颜色也会发生变化。

②酶的作用。动物性食物中有多种酶，在酶的作用下，食物的营养素被分解成多种低级产物。例如，饭发馊、水果腐烂就是碳水化合物被酶分解后发酵的结果。此外，剩饭菜在冷藏或重复加热后，会因为微生物滋生导致变质，从而影响味道。食物在保存过程中也会受到氧化、水解等影响，导致口感和营养发生变化。

（3）探究活动（15分钟）：让学生分组进行实验探究，观察不同条件下剩饭菜的变化情况，并记录实验数据。教师演示如何健康保存剩饭菜。首先，需要将剩饭菜放入密封容器中，这样可以防止空气和细菌进入。其次，将容器放在避光的地方，以避免紫外线的照射。最后，如果有条件的话，将剩饭菜放入冰箱的冷藏室中，以保持低温环境。

具体操作步骤如下：

①将剩饭菜放入密封容器中。首先，我们需要将剩饭菜倒入一个密封容器中。这个容器的密封性能要好，可以有效地避免空气和细菌进入。此外，我们还需要注意容器的清洁卫生，避免细菌的交叉感染。

②避光放置。将密封好的剩饭菜放置在一个避光的地方。如果是在白天有阳光的情况下，我们可以使用窗帘或其他的遮盖物来遮挡阳光。这样可以有效地避免紫外线对剩饭菜的照射。

③低温保存。如果条件允许，我们还可以将剩饭菜保存在低温环境中。一般来说，冰箱冷藏室的温度是比较适宜的，因此我们可以将密封好的剩饭菜放入冷藏室中保存。低温的环境可以有效地减缓食物内部的化学反应速度，从而延长保质期。

（4）分析讨论（10分钟）：根据实验结果，教师引导学生分析剩饭菜保存的原理和方法，培养学生的独立思考和解决问题的能力。例如，教师可以引导学生思考如何控制温度、湿度、空气等条件来减缓剩饭菜的变质过程。

（5）应用拓展（7分钟）：教师让学生思考如何在生活中应用这些知识，并分享自己的方法和经验，培养学生的知识应用能力。例如，教师可以让学生分享自己家中常用的剩饭菜保存方法，并分析其是否科学合理。

（6）总结评价（5分钟）：教师对本节课的知识点进行总结评价，肯定学生在活动中的表现和成果。例如，教师可以挑选一些优秀的实验报告进行展示评价，激励学生继续努力。同时教师对知识点进行总结回顾，可以帮助学生巩固记忆。

①密封性的重要性。当我们保存剩饭菜时，先要关注的是如何防止外部的细菌和灰尘进入食物中。其中，密封性是非常关键的一点。我们常见的剩饭菜保存方法是将其放入密封袋或密封容器中，这样做可以避免食物与外界接触，从而有效延长食物的保质期。

②避光的重要性。除了密封性外，我们还需要注意避免阳光直接照射到剩饭菜上。阳光中的紫外线会加速食物内部的化学反应，导致食物变质。因此，我们在保存剩饭菜时，应尽量选择避光的地方，避免紫外线对食物的影响。

③低温保存的重要性。在条件允许的情况下，将剩饭菜保存在低温环境中也是非常有效的。低温可以减缓食物内部的化学反应速度，从而延长保质期。我们常见的低温保存方法包括将剩饭菜放入冰箱的冷藏室中或使用冰袋等，这样做可以有效延长食物的保质期。

7. 板书设计

> 剩饭菜保存原理:
> 控制温度
> 控制湿度
> 注意密封
> 实验结果
> 分析讨论
> 应用拓展
> 总结评价

# 第三节　真实问题情境创设的原则

山区初中化学教学真实问题情境创设应遵循以下原则:贴合生活,注重实践,培养创新思维,增强趣味性,利用山区资源,注重安全,提高科学素养,挖掘山区特色,培养动手能力,服务地方经济发展。这些原则相互关联,有助于提升山区初中化学教学的效果和质量。

## 一、生活化原则

生活化原则强调问题情境应与山区学生的生活实际、生活环境和经历紧密联系,以便他们能够更好地理解情境,激发共鸣,从而加深对化学知识的理解。

在创设贴合生活的问题情境时,教师可以从学生的日常生活中寻找素材。由于山区学生的生活环境和经历与城市学生存在一定的差异,因此,利用山区特有的资源和环境创设问题情境,将更有助于学生产生共鸣。例如,在教授"人类重要的营养物质"这一知识点时,教师可以用山区中常见的蜂蜜进行导入,引导学生思考如何鉴别优质和劣质的蜂蜜,了解蜂蜜中有什么重要的营养物质。这一问题情境贴合学生的生活环境和经历,通过这一情境,学生可以了解到与日常生活密切相关的物质鉴别知识,从而培养自己运用化学知识解决实际问题的能力。

## 二、实践导向原则

实践导向原则强调问题情境应突出化学知识的实践应用价值，特别是与山区可能遇到的实际情况相结合，如自然资源的利用和环境保护等。教师通过引导学生解决实际问题，帮助他们更好地理解和掌握化学知识，同时培养其实践能力和应用意识。

在创设实践导向的问题情境时，教师可以从山区可能遇到的实际问题入手。如在教授"粗盐中难溶性杂质的去除"这一知识点时，教师可以引导学生思考在传统社会时期，如何利用已有的资源对粗盐中的难溶性杂质进行有效的去除，从而得到纯度较高的食盐，这是一个比较有趣且与现实生活有一定联系的化学问题，能引起学生的兴趣。通过这一问题情境，学生可以了解到化学知识的实际应用价值，从而培养学习兴趣和动力。

为了更好地体现这一原则，教师还可以组织学生进行实践活动。例如，在教授"物质的鉴别"这一知识点时，教师可以引导学生进行实地考察，了解山区中存在的不同种类物质及其鉴别方法。通过实践活动，学生可以更加深入地了解化学知识的实际应用，同时提高其动手能力和科学素养。

## 三、创新原则

教师应努力让学生在解决问题的过程中培养创新思维和实践能力，使其更好地适应未来社会发展的需要。

创新原则强调问题情境应关注学生创新思维和实践能力的培养。在解决问题的过程中，教师应引导学生多角度、多层次地思考问题，鼓励他们尝试用不同的方法和思路解决问题。同时，教师还应鼓励学生勇于实践，让他们在实践中不断尝试、不断探索，从而培养其创新意识和实践能力。

为了更好地体现这一原则，教师可以在问题情境中设置一些开放性的问题，让学生从多个角度思考和解决问题。例如，在教授"物质的性质"这一知识点时，教师可以引导学生思考如何利用山区丰富的植物资源制备有价值的化学品。这一问题情境具有开放性，学生可以从多个角度思考和解决问题，从而培养创新思维和提高实践能力。

此外，教师还可以组织学生进行创新实践活动，例如设计化学小发明、开展化学小实验等。通过这些活动，学生可以将所学的化学知识应用到实践中，同时也可以培养创新意识和实践能力，为未来的发展作好准备。

## 四、兴趣原则

兴趣原则强调问题情境应具有生动性和趣味性，能够吸引学生的注意力，激发他们对化学学习的兴趣和动机。教师可以通过将问题情境与实际生活、科技前沿、历史故事等方面联系起来，让学生感受到化学知识的趣味性和实用性。例如，在教授"燃烧条件与灭火原理"这一知识点时，教师可以引入一些有趣的例子，如"鬼火"现象是由白磷自燃引起的。为什么白磷会自燃？那是因为白磷的着火点比较低，从而让学生更加深刻地理解燃烧需要的条件。教师通过带有一定趣味性的提问，可让学生更加深刻地理解物质分类的概念和意义。

此外，教师还可以利用多媒体技术、实验演示、化学魔术等方式，让学生多感官体验化学的神奇和魅力。例如，教师可以利用多媒体技术向学生展示化学反应的微观过程，让他们更加深入地理解化学反应的原理。同时，教师还可以通过实验演示一些有趣的化学现象，例如自制电池、自制火山爆发等，让学生感受到化学的趣味性和实用性。教师通过这些方式，可以有效地激发学生的学习兴趣和学习动机，提高化学教学的效果和质量。

## 五、利用自然环境原则

利用自然环境原则强调应充分利用山区自然环境中的化学资源，如草药、矿产等，将这些资源引入化学教学，帮助学生了解和掌握化学知识。同时，通过观察和探究这些资源的性质和变化，学生可以更好地理解化学知识在实际生活中的应用。

在利用山区自然环境中的化学资源时，教师需要注意以下几点。首先，教师应了解和研究当地的山区自然环境，掌握其中存在的化学资源和矿产资源的种类、分布和特点。其次，教师需要结合化学教材内容和教学目标，选择适合的资源进行引入。例如，在教授"金属资源的利用和保护"这一知识点时，教师可以引导学生观察和探究本地不同种类的金属矿产资源，运用所学化学知识提出合理的金属资源开发与保护设想。最后，教师需要合理规划和组织实践活动，确保学生的安全和教学的顺利进行。

## 六、安全原则

安全原则强调在化学教学过程中，尤其是在实践和探究活动中，教师必须将学生的安全放在首位，确保所有活动在安全的环境中进行。安全是教学顺利进行的前提和保障，教师需要采取各种措施确保学生的安全。

教师需要在实践和探究活动前制订详细的安全预案。预案应包括活动前的安全教育和准备、活动过程中的安全措施和注意事项、活动后的总结和反思等内容。同时，教师需要进行充分的安全风险评估，识别和评估活动中可能存在的各种安全风险。针对这些风险，教师需要采取相应的措施进行预防和控制。例如，在教授一些化学知识点时，教师可以引导学生进行一些实验操作，但在实验前需要做好充分的准备工作，确保实验安全。

在实践和探究活动开始前，教师应对所有可能涉及的活动进行详细的风险评估。这种评估应包括化学实验操作、野外实地考察、使用化学药品和设备等多个方面。通过评估，教师可以明确活动中可能存在的风险和安全隐患，进而采取有效的措施进行预防和控制。

在教学过程中，教师应不断强调安全意识，让学生认识到安全的重要性。教师可以在课堂上展示一些安全警示标志和安全操作规程，引导学生了解和遵守这些规定。同时，教师还可以通过案例分析、讨论等形式，让学生深入了解安全意识的重要性。

教师应对学生进行必要的安全培训，让他们了解在实践和探究活动中如何保护自己和他人的安全。培训内容可以包括化学品的使用和储存、实验操作规程、野外生存技能等多个方面。通过培训，学生可以掌握必要的安全知识和技能，从而更好地保障自身和他人的安全。

教师在安排实践和探究活动的顺序时，应考虑到安全因素。活动的顺序应当合理，避免学生在操作过程中出现混乱和疲劳等问题。同时，教师还需要确保活动之间的衔接合理，以便学生能够顺利地从一个活动过渡到另一个活动。

在实践和探究活动中，教师需要对学生的活动进行监督和指导。这可以帮助教师及时发现学生的不规范操作或安全隐患，并采取有效的措施进行纠正和控制。同时，通过监督和指导，教师可以培养学生的自我保护意识，让他们养成良好的实验习惯和行为规范。

将学生的安全放在首位是化学教学过程中教师必须遵循的重要原则。教师应当采取多种措施保障学生的安全，包括风险评估与控制、强调安全意识、提供安全培训、合理安排活动顺序以及监督与指导等。只有这样，教师才能确保化学教学的顺利进行，并为学生提供良好的学习环境和条件。

## 七、科学素养导向原则

教师通过引导学生于特定问题情境中解决问题，培养学生的科学思维方法和科学素养，让他们能用科学的方法解决实际问题。

科学素养导向原则强调培养学生的科学素养，让他们通过解决问题，掌握科学的思维方法，形成科学的态度和价值观。在化学教学中，教师可以结合山区特色和实际情况，设计具有挑战性和实际意义的问题情境，引导学生运用科学的方法解决问题。

为了更好地体现这一原则，教师可以在以下几个方面下功夫：

首先，教师需要培养学生的科学思维方法。科学思维方法包括观察、假设、实验、推理、验证等环节。教师可以在问题情境的解决过程中，引导学生运用这些方法进行探究和思考。例如，在教授"空气"这一知识点时，教师可以让学生通过推理和实验的方法鉴别空气的组成，以及不同成分的性质，从而培养他们的科学思维方法。

其次，教师需要培养学生的科学态度和价值观。科学态度包括对科学的热爱、好奇、求真、务实等态度。教师可以在问题情境的解决过程中，引导学生体验科学探究的乐趣和成就感，培养他们对科学的积极态度。同时，教师还可以通过讲解化学史、科学家的故事等方式，让学生了解科学家的精神品质和追求，从而培养他们的科学价值观。

最后，教师需要引导学生运用科学的方法解决实际问题。化学知识在山区生产和生活中具有广泛的应用价值。学校可以通过问题情境的解决，让学生了解化学知识在实际生产和生活中的应用。

## 八、山区特色原则

山区特色原则强调利用山区特有的资源开展化学教学，让学生感受到化学在山区发展中的重要性。山区拥有丰富的自然资源和文化遗产，这些资源可以成为化学教学的素材和资源库。教师可以通过挖掘这些资源，设计具有山区特色的问题情境，引导学生探究和思考。

首先，教师需要了解和研究山区的特有资源。山区的自然资源包括矿产、植物、草药、水果等资源，文化遗产包括传统工艺、土特产等。教师需要了解这些资源的种类、分布、特点和用途，并从中寻找与化学相关的知识点和教学素材。例如，在教授"化学物质和人体健康"这一知识点时，教师可以引导学生了解因缺乏某些化学物质给健康带来的危害，如缺碘会带来"大脖子病"等，以此探索化学知识在生活中的具体应用。

其次，教师需要结合化学教材内容和教学目标，选择适合的资源进行引入。山区有着丰富的自然景观和独特的生态环境，教师可以结合化学教材中的知识点，引导学生观察和探究化学现象。例如，在教授"氧化还原反应"这一知识点时，教师可以引导学生了解山区中自然存在的氧化还原反应过程，如金属矿的氧化等，从而帮助学生更好地理解化学反应的本质和应用。同时，教师还可以通过组织实践活动的方式，让学生深入了解化学在山区生产和生活中的应用价值。学校可以加强与当地企业的合作，组织学生参观一些化学企业生产线、实验室等场所，让学生了解化学知识在这些企业中的应用情况和实践意义。

## 九、动手能力培养原则

动手能力培养原则强调学生的动手能力在化学教学中的重要性。通过亲手操作和亲身体验，学生可以更好地理解化学知识，提高实验技能和动手能力。在问题情境的创设中，教师应尽可能地让学生参与到实验和实践中，鼓励他们通过自己的努力解决问题。

首先，教师需要提供充足的实验机会。化学是一门以实验为基础的学科，实验是提高学生动手能力和理解化学知识的重要手段。教师应在教学中安排适当的实验次数和时间，让学生有机会进行亲手操作和亲身体验。此外，教师还可以引导学生进行一些家庭小实验，从而拓宽实验的范畴。

其次，教师需要注重实践环节。除了实验之外，实践环节也是提高学生动手能力的重要手段。教师可以组织学生进行一些实践活动，如实地走访化工企业、化学实验比赛等，让学生在实践中亲身体验化学知识的应用。同时，教师还可以鼓励学生参与社会实践活动，如环保活动、化学科普宣传等，从而培养学生的社会责任感和实践能力。

最后，教师需要给予学生及时的反馈。学生在实验和实践过程中难免会出现错误和问题，教师需要及时给予指导和反馈，帮助学生纠正错误和提高实验技能。同时，教师还应鼓励学生进行自我反思和总结，让他们在反思中不断进步和提高。

## 十、服务地方原则

服务地方原则强调化学教学应结合地方资源和发展需求，通过化学学习让学生了解和掌握地方资源的利用和处理方式，从而为地方经济发展作出贡献。在问题情境的创设中，教师应结合地方特色和产业需求，设计相关的问题情境引导学生学习和探索。

首先，教师需要了解地方资源的分布和特点。不同地区拥有的资源类型和特点也不尽相同，教师需要了解本地区特有的资源和产业需求，从而为教学提供实际案例和实践机会。例如，在教授"物质的制备"这一知识点时，教师可以引入地方特色产业中的物质制备过程和方法，从而让学生更好地了解和掌握物质制备的相关知识。

其次，教师需要将化学知识与地方资源相结合。化学知识在地方资源的利用和处理中有着广泛的应用价值。教师可以通过将化学知识应用于地方资源的实例来引导学生学习和探索。例如，在教授"物质的鉴别"这一知识点时，教师可以引导学生了解如何利用化学方法鉴别不同种类的矿石和金属，从而让他们更好地了解和掌握地方资源的利用和处理方式。

最后，教师需要鼓励学生参与地方资源的开发和应用。学生通过参与实践活动和研究项目等方式，可以更加深入地了解地方资源的开发和应用方式。教师可以通过组织实践活动和开展研究项目等方式鼓励学生参与其中，从而为地方经济的发展作出贡献。例如，教师可以组织学生参观当地的矿厂、制药厂等企业，了解化学知识在这些企业中的应用情况和实践意义。同时，教师还可以鼓励学生参与社会实践活动，如环保活动、化学科普宣传等，从而培养学生的社会责任感和实践能力。

### 案例三："科技与生活"——食品添加剂的作用与危害

当今，食品安全问题备受人们关注，我们在享受美食的同时，是否想过食品添加剂在其中扮演的重要角色？这些添加剂对我们的健康究竟是好还是坏？今天，我们就来深入探讨食品添加剂的作用与危害。我们常说的食品添加剂主要包括防腐剂、抗氧化剂、着色剂、调味剂等。这些添加剂在延长食品保质期、保持食品新鲜度、增加食品口感和色泽等方面具有重要作用。然而，食品添加剂的不当使用也会给我们的健康带来危害。我们以"科技与生活"为例，这个表述源于一起食品安全事件。一家快餐连锁店使用了一种特殊的调味剂，使食品口味更佳。然而，这种调味剂中含有大量的化学物质，长期食用会对人体健康产生负面影响。这起事件引发了人们对食品添加剂的关注和质疑。我们一起来深入探讨食品添加剂的种类、作用、危害以及如何正确使用它们。我们将通过真实案例的分析、实验演示等方式，帮助大家全面了解食品添加剂。同时，我们也会讨论如何通过正确选择食品、控制食品添加剂的使用等保护自己的健康。在这个课程中，我们不仅要了解食品添加剂的基础知识，更要培养自己的食品安全意识和判断能力。让我们一起来揭开食品添加剂的神秘面纱，理性看待食品安全问题，为自己和家人的健康保驾护航。

1. 课标分析

本探究活动旨在依据初中化学课程标准，让学生通过实践探究的方式了解食品添加剂的作用和危害，加深对生活中化学知识的认识，增强安全意识和科学素养。

2. 教材分析

本活动主要基于初中化学"化学元素与人体健康"中关于食品添加剂的知识点，结合生活中的实际问题，让学生通过探究活动了解食品添加剂的作用和危害，并学会科学合理地选择食品。

3. 学情分析

初中生已经具备了一定的化学基础和生活经验，对食品添加剂有一定的了解，但还缺乏系统性的认识和科学的判断。学生通过本探究活动，可增强对食品添加剂作用和危害的理解，提高在生活中科学选择食品的能力。

4. 教学目标

(1) 知识与技能：让学生了解食品添加剂的作用和危害，掌握食品添加剂的分类和常见品种，了解科学选择食品的方法。

（2）过程与方法：通过小组合作、实验探究、案例分析等活动，让学生学会科学研究的方法，增强实践能力和创新意识。

（3）情感态度与价值观：增强学生的食品安全意识，帮助其树立科学的生活观念，培养其对化学学习的兴趣和积极性。

5. 教学重难点

（1）教学重点：让学生了解食品添加剂的作用和危害，掌握科学选择食品的方法。

（2）教学难点：让学生学会分析食品添加剂的种类、作用和正确使用方法，以及如何科学选择安全的食品。

6. 教学过程

（1）导入新课（3分钟）：教师通过展示一些食品添加剂的图片和视频资料，引导学生思考食品添加剂在生活中的作用和危害，激发其学习兴趣。

（2）知识讲解（8分钟）：教师结合课本材料和实际案例，讲解食品添加剂的作用和危害，如介绍防腐剂、着色剂、调味剂等常见食品添加剂的种类、作用和正确使用方法。

（3）实验探究（15分钟）：让学生分组进行实验，探究一些食品中添加剂的种类和含量。例如，分别购买不同品牌、种类的饮料、糕点等食品，让学生通过实验检测其中添加剂的种类和含量，并记录实验数据。

（4）分析讨论（10分钟）：根据实验结果，引导学生分析食品添加剂的危害，并讨论如何科学合理地选择食品。例如，让学生了解食品标签上的成分和含义，掌握科学选择食品的方法。

（5）应用拓展（5分钟）：让学生思考如何在生活中避免食品添加剂的危害。例如，可以引导学生总结科学合理地选择食品的技巧和方法，并分享自己的经验和建议。

（6）总结评价（4分钟）：对本节课的知识点进行总结评价，肯定学生在活动中的表现和成果。例如，可以挑选一些优秀的实验报告进行展示评价，鼓励学生继续努力。同时对知识点进行总结回顾，帮助学生巩固记忆。

7. 板书设计

---

科技与生活——食品添加剂的作用与危害

一、食品添加剂的作用与危害

作用：防腐、保鲜、着色、调味等

危害：过量使用导致健康问题

二、食品添加剂的分类和常见品种

防腐剂：山梨酸钾、苯甲酸钠等

着色剂：柠檬黄、胭脂红等

调味剂：谷氨酸钠、肌苷酸等

其他：抗氧化剂、漂白剂等

三、科学选择食品的方法

阅读食品标签，了解成分和含量

选择信誉好的品牌和生产厂家

避免食用过度加工和添加物过多的食品

多食用新鲜、天然的食品

---

8. 教学拓展

拓展问题：鸡精与味精哪个更健康？

问题解析：鸡精和味精都是烹饪时所用的调味剂，从化学成分、制作工艺和主要成分来看，二者有一定差异，但是无法简单地说哪个更健康。

从化学成分和制作工艺来看，味精的主要成分是谷氨酸钠，是一种白色颗粒状调味品。谷氨酸钠进入人体后，参与人体蛋白质的代谢过程，在一定程度上对脑神经和肝脏起到保健作用。鸡精则是在味精的基础上，添加了其他的化学物质和鸡肉或者鸡骨的提取物，属于复合型调味剂，味道更为鲜美。鸡精的主要增鲜成分为核苷酸，其中也添加了较多的食品添加剂。

从健康角度来看，鸡精和味精都含有一定的钠，如果摄入过多，可能会增加钠摄入超标的风险，对健康产生不利影响。因此，不论是鸡精还是味精，在炒菜时都应该少放一些，避免钠摄入超标的情况发生。

对于婴儿、孕妇、哺乳期妇女和高血压人群，建议尽量选择少吃或不吃鸡精和味精，因为谷氨酸钠在参与人体蛋白质的代谢过程中，容易与锌结合，导致缺锌的情况。另外，鸡精的主要增鲜成分是核苷酸，在代谢过程中也会产生嘌呤，嘌呤食用过多可能会导致痛风，因此痛风人群也不适宜食用鸡精。

综上所述，虽然鸡精和味精都可以作为安全的调味剂，但是它们的成分存在差异，在选择时应该根据个人身体状况和需求进行选择。同时，不论是哪种调味品，都应该适量使用，避免过量摄入。

# 第三章　基于真实问题情境的初中化学教学设计策略

　　基于真实问题情境的初中化学教学设计策略是提高学生兴趣、培养学生科学素养和实践能力的重要手段。在未来的化学教学中，我们应更深入地探讨和实践这种策略，以不断提升化学教学质量。通过融合现实生活中的化学知识，我们了解了如何将理论知识与实际应用相结合，以帮助学生更好地理解和记忆化学知识。通过基于化学实验探究的思考，我们了解了如何利用实验现象和数据来引导学生进行深入思考和自主探究，提高学生的科学素养和实践能力。在融入化学史创设情境的部分，我们学习了如何通过化学发展历程中的趣味故事和重要发现来吸引学生的兴趣，培养学生的科学精神和创新能力。同时，我们合理利用现代信息技术为化学教学带来了许多新的可能，如模拟化学反应、解析分子结构等，为学生提供了更加直观、形象的学习资源。此外，还可应用结合社会热点构建情境的方法，我们将化学知识与当前社会关注的热点问题相关联，帮助学生了解化学知识在解决社会问题中的重要作用，培养学生的社会责任感和环保意识。

## 第一节　融合现实生活化学知识

　　初中化学问题情境的构建应当紧密结合现实生活中的化学知识。教师可以通过观察和挖掘生活中的化学现象，引导学生运用化学知识去解释和解决生活中的问题。这种教学方法不仅可以增强学生的学习兴趣和动力，还能培养他们的实践能力和创新思维。此外，教师还可以通过组织实践活动，如化学实验、实地考察等，让学生亲身体验化学知识在现实生活中的应用，进一步加深对化学学科的认识和理解。将现实生活中的化学知识融入初中化学问题情境构建中，是提升化学教学质量和实现素质教育的有效途径。

# 一、初中化学生活情境教学的价值

陶行知先生的生活教育理论主张教育不能脱离生活，而应该与生活紧密相连。他认为，教育不仅仅是知识的传授，更是培养个人能力，使学生能够在生活中独立自主地思考、行动的过程。他提倡"教学做合一"，也就是在实践中教，学习中实践，将教学与生活实践相结合，使学习与生活相互促进。通过这种方式，学生可以更好地理解和掌握知识，同时也可以更好地应用所学知识于生活中，提高生活质量。此外，学生在生活的过程中通过自我观察、自我反思和自我总结，能够构建自己的知识体系，实现自我能力的提升。因此，陶行知先生的生活教育理论不仅关注知识的传授，更注重能力的培养和生活经验的积累，使教育更加贴近生活，更加实用。

## （一）以生活问题为引导提升学生的化学思维能力

化学思维能力的培养是提升学生化学综合素养的关键，而通过生活问题进行引导可以有效地提升学生的化学思维能力。例如，在教授"水的组成"和"水的净化"章节时，教师可以通过深究生活中的现象，将其总结为问题，例如："我们生活中常见的污水都去哪里了？它们在污水处理厂会经过怎样的流程？"这能促使学生思考水的净化流程，并且将结果与教材中的关于"水的天然循环"内容联系起来，认识到所学的知识可以应用到水资源净化以及保护中。教师通过这种方式，可以转变传统理论教学的刻板模式，让学生主动进行思考，提升其参与性，同时也可以锻炼其化学思维意识。

## （二）通过生活实验讲授化学实践原理

传统的化学实验往往只注重实验室内的操作，而与生活实际相脱离。而通过生活化教学理论与化学教学相融合的方式，教师可以在生活实践以及生活现象的基础上为学生讲授常见的化学原理。例如，在学习"常见的酸和碱"这一课时，教师可以引导学生选择不同的实验道具进行酸碱验证，如厨房中的调味料、盥洗用品等。需要注意的是要将实验的目的清晰地体现出来，例如：哪些厨房调料可以刷干净油锅？油性发质需要用哪类 pH 值的洗发水？……诸如此类的问题，能够让化学实验回归到生活中，整体的实验目的和实验步骤都是为生活而服务的。学生在参与化学实验的过程中，不仅能够了解生活中常见的化学知识体系，也可以认识到如何利用化学来改善生活，这对于学生来讲是一种提升综合实践能力的重要方法，同时也是打造新型互动性课堂的渠道。

### （三）通过生活情境构建知识网络

化学学科本身来源于生活，是人们在生产生活过程中经过逐步尝试和总结形成的理论学科。化学学科不是一门孤立的学科，而是与其他学科有着千丝万缕的联系。在教学化学学科时，要与其他的领域进行融合，实现知识体系的纵向挖掘以及横向拓展。例如，在讲授"化学元素与身体健康"这一知识点时，可以与"金属的化学性质"综合起来学习探究，其中蕴含的知识不仅与化学领域相关，也与人体的机能以及生物学有关。在教学过程中，教师不仅要为学生讲述基础的化学和健康原理以及联系，还要通过具体的生活情境让学生进行探究，如分析"为何重金属矿山对人们的健康影响较大？重金属元素是如何实现迁移的？"这能够为学生提供证明化学和健康之间联系的依据。教师可以让学生通过互联网或者其他的网络学习平台，查找所需要的资料，逐步丰富知识体系，这是为学生奠定良好化学基础的重要途径，也是提升其化学核心素养的关键。

## 二、初中化学生活情境构建路径

教师通过生活化的教学情境，将化学知识融入生活场景中，可以让学生更好地理解化学知识在生活中的应用，加强课堂与生活的联系、帮助学生更好地运用所学知识解决实际问题。情境生活化的教学方式能够引导学生从生活中发现化学、感受化学，从而产生对化学的学习兴趣。教师通过讲授与生活息息相关的化学现象和问题，让学生感受到化学的实用性和趣味性，激发他们的学习热情和探究欲望。初中化学情境生活化教学强调将理论知识应用到实际生活中，通过模拟和演练生活化情境，提高学生的实践运用能力。这不仅有利于学生对化学知识的理解和记忆，更能够促进他们身心发展，提升化学课堂的教学效果和教学质量。

### （一）学生方面

#### 1. 提高学生的生活能力

在应试教育背景下，大多数学生只关注学习成绩，而缺乏对生活的了解和探索。因此，为了更好地实施情境生活化教学，学生应该加强对生活常识的学习和积累，提高生活能力。例如，学生可以参加社会实践活动，了解山区中的秸秆等可再生能源物质的利用情况，增加对能源开发的认识；也可以在家长的陪同下学习烹饪、洗衣等日常生活技能，了解生活中的化学原理。这样不仅可以丰富学生的生活经验，还能帮助他们更好地理解化学知识，促进情境生活化教学的实施。

2. 了解学生的学习兴趣

每个学生都有自己独特的学习风格和兴趣爱好。因此，在情境生活化教学中，教师应该关注学生的差异性和兴趣爱好，根据他们的需求和兴趣设计不同的教学情境。例如，有些学生对食品添加剂等化学物质比较感兴趣，教师可以在课堂上引入相关案例或让学生自己动手实验，让他们更深入地了解这些物质的性质和作用；而对于喜欢环保、公益等方面的学生，教师则可以引导他们探讨环境污染问题，了解化学污染对人类健康的危害以及如何通过个人行动来减少化学污染等。

### （二）教师方面

1. 树立终身学习的教育理念

为了更好地实施情境生活化教学，教师需要不断更新自己的知识和技能，关注教育的发展趋势和热点问题，不断拓宽自己的视野和思维方式。例如，教师可以通过参加各种培训活动、教学研讨会等途径，学习新的教学理论和方法，提高自己的教学能力和水平。同时，教师也应该关注生活中的化学现象和问题，不断积累生活素材和经验，为情境生活化教学提供更丰富的教学资源。

2. 提高挖掘生活素材的能力

生活中的化学现象和问题无处不在，教师需要具备敏锐的观察力和挖掘能力，将生活中的素材应用到化学教学中。例如，教师可以引导学生探讨酸雨的形成原因、危害及防治措施等，让学生更深入地了解化学知识在环境保护中的作用。同时，教师也可以将生活中的化学现象引入课堂，如探讨食品添加剂的性质和作用等。这样可以引导学生将化学知识应用到生活中去，增强化学知识的应用性和实践性。

### （三）学校方面

1. 加强对初中化学的重视

为了更好地实施情境生活化教学，学校应该加强对初中化学的重视程度。

例如，学校可以制定相关政策鼓励学生参加化学实验、社会实践活动等。同时，学校也可以增加与化学教学有关的研究活动，为教师提供更多的培训和学习机会，提高教师的专业素养和教学能力。这样可以为学生提供更优质的教学环境和更丰富的学习资源。

2. 增加初中化学教学资源

初中化学教学资源是实现情境生活化教学的必要条件。因此，学校应该加大对初中化学教学资源的投入力度。例如，学校可以建立专业的化学实验室，让学生有更多机会进行实验操作和实践。同时，学校也可以引入各种现代化的教学设备和工具，如多媒体设备、在线学习平台等，让学生有更多样化的学习途径和方式。这样可以更好地满足学生的学习需求，提高他们的学习效果。

## 三、基于现实生活构建初中化学实验教学情境

根据初中化学新课程标准的要求，化学教育应该从学生的实际出发，引导他们在生活中发现和应用化学知识，以增强化学与生活的联系，进而提升学习效果和学科素养。在山区初中化学教学中，为了激发学生的兴趣和锻炼他们的实验能力，教师需要设计生活化的实验教学方案。由于化学与自然环境和生产生活密切相关，因此化学实验生活化设计具有重要的意义和可行性。在山区条件有限的情况下，教师可以利用生活中的资源和材料进行化学实验，从而让学生感受到化学在解决实际问题中的实用性，领悟"化学是有用的"这一理念，进而提高山区学生的参与积极性，激活实验热情，启发思维能力，实现高效课堂的教育目标。

### （一）寻找生活化实验材料

化学实验是化学学科中最基础也是最重要的一部分，但山区初中的学生由于缺乏实验器材，往往无法充分理解实验的原理和实验现象。为了解决这个问题，教师可以引导学生从生活中寻找可以用于化学实验的材料和工具。例如，在"生活中常见的盐"这一课中，教师可以应用生活中的盐来进行实验，让学生了解盐的性质和作用。同时，教师也可以引导学生思考生活中哪些材料或工具可以用来代替实验室中的器材，比如使用鸡蛋壳来代替碳酸钙，小苏打来代替碳酸氢钠等。

教师通过应用生活化的实验材料，不仅能够让学生更好地理解化学知识，

同时也能够让学生更好地认识到化学与生活之间的联系。此外，这种实验方式能够有效降低实验成本，提高实验的可行性。

### （二）自制生活化实验仪器

除了寻找生活化的实验材料之外，教师还可以引导学生自制生活化的实验仪器。例如，教师可以引导学生使用废旧的矿泉水瓶来代替烧杯，使用注射器来代替分液漏斗等。这些自制的实验仪器不仅能够有效降低实验成本，同时也能够让学生更好地理解实验的原理和过程。此外，这种自制实验仪器的方式还能够培养学生的创新意识和实践能力。

### （三）拓展生活化实验活动

除了课堂上的实验教学之外，教师还可以引导学生开展生活化实验活动。例如，教师可以引导学生开展家庭小实验或者进行社会调查等。这些活动不仅能够有效巩固学生所学的知识，同时也能够让学生更好地认识化学与生活之间的联系。例如，在家庭小实验中，学生可以使用生活中的材料来制作简单的净水器，了解水净化的原理和方法，或者使用生活中的材料来区分精盐和碱面等。这些活动不仅能够激发学生的学习兴趣和好奇心，同时也能够培养学生的实践能力和创新思维。

此外，化学实验教学应是一个开放、创新的过程，不能限定于课堂以内。因此，教师还可以引导学生开展社会调查、环境监测等实践活动，让学生更好地了解化学与环境、化学与生产生活之间的联系。例如，教师可以引导学生分组进行社会调查，了解当地水质情况、空气质量等环境状况，并让学生通过数据分析得出结论，提出改善环境的具体措施。这些活动不仅能够让学生更好地了解化学知识在生产生活中的应用，同时也能够培养学生的环保意识和责任心。

## 四、山区初中基于生活化学知识构建真实问题情境

在山区初中化学教学中，教师利用生活中的化学知识与现象构建真实问题情境是一种有效的教学方法，可以帮助学生在熟悉的情境中更好地理解和应用化学知识，同时也可以提高学生的学习兴趣和积极性。

## （一）引导学生关注生活中的化学现象

生活中的化学现象是引导学生关注化学学科很好的切入点。教师可以通过提出一些生活中的化学现象，让学生思考并尝试解释原因。例如，铁为什么会生锈？这是因为铁与氧气发生化学反应，生成了铁的氧化物——铁锈。为什么有些食物可以用作酸碱指示剂？比如，紫甘蓝汁遇到酸时会变成红色，而遇到碱时会变成蓝色。这是因为紫甘蓝汁中含有的花青素可以作为酸碱指示剂。为什么水垢可以用食醋去除？这是因为水垢的主要成分是碳酸钙和氢氧化镁，食醋中的醋酸可以与这些物质反应，使其变成可溶于水的物质，从而去除水垢。

教师通过引导学生关注这些生活中的化学现象，可以激发学生对化学学科的兴趣，并让学生意识到化学知识在生活中的重要性。同时，这也有助于培养学生的观察力和思考能力，让他们学会从化学的角度去分析和解决问题。

## （二）结合山区特色产业和环境问题展开教学

山区有着丰富的资源和产业，如矿产、农业、林业等。教师可以结合这些特色产业和环境问题展开教学。

对于矿产资源，教师可以引导学生探究当地矿产资源的成分和利用方法。比如，有些山区盛产有色金属，教师可以让学生通过查阅资料和实地考察，了解这些矿产资源的成分、性质、用途以及开采过程中需要注意的环境问题。

对于农业和林业，教师可以让学生了解当地农业种植过程中使用的化肥和农药成分及其对环境的影响。例如，使用化肥可以提高农作物的产量，但过量的化肥会导致土壤板结和污染地下水。同时，使用农药可以防治病虫害，但过量的农药会导致农产品残留有害物质，并对环境造成污染。

教师通过结合山区特色产业和环境问题展开教学，可以帮助学生将化学知识与实际生活联系起来，提高其应用能力，同时也有助于培养学生的环保意识和可持续发展的理念。

## （三）借助实验探究生活中的化学问题

实验是化学学科中非常重要的一部分，通过实验可以让学生更好地理解和应用化学知识。在化学实验中，学生可以通过亲手操作、观察现象、分析结果等方式，深入了解化学反应的原理和过程。同时，实验还可以培养学生的观察力、思维能力和动手能力，激发学生对化学学科的兴趣。

例如，用小苏打和食醋反应制取二氧化碳气体这个实验，可以让学生了解酸碱中和反应的原理和过程，同时，通过改变反应条件，如增加小苏打的用量或减少食醋的用量，可以观察到不同的反应现象和结果，帮助学生理解反应条件对化学反应的影响。

除了这种简单的实验，教师还可以引导学生进行更复杂的实验，如制作简单的净水器、提取水果中的维生素 C 等。通过这些实验，学生可以更好地了解化学知识在生活中的应用，同时也可以培养自身的实践能力和创新意识。

### (四) 利用多媒体资源呈现真实的化学问题情境

多媒体资源可以生动形象地呈现化学问题情境，帮助学生更好地理解化学知识。例如，教师可以通过视频展示食物中的化学反应和过程，如面粉发酵的过程、豆腐制作的过程等。这些视频可以让学生更好地了解食物中的营养成分和化学反应的关系，同时也可以帮助学生理解食品添加剂的作用和副作用。

除了视频，教师还可以通过图片、模拟动画等方式呈现化学问题情境。例如，教师可以通过模拟动画呈现环境污染的形成和治理过程，让学生更好地了解环境问题的根源和解决方法。这些多媒体资源可以帮助学生更好地理解化学知识，同时也可以培养学生的环保意识和可持续发展的理念。

### (五) 开展社会调查和实践探究生活中的化学问题

社会调查和实践探究可以让学生更加深入地了解化学知识与生活的联系。例如，教师可以带领学生开展水质检测、农产品残留物检测等社会实践活动。这些活动可以让学生了解当地的环境状况和水质情况，同时也可以培养学生的探究精神和环保意识。

除此之外，教师还可以引导学生进行其他的社会调查和实践活动，如调查当地化工企业的排放情况、检测家庭装修材料的有害物质含量等。这些活动可以帮助学生更好地了解化学知识在生产生活中的应用，同时也可以培养学生的社会责任感和科学素养。

### 案例四：肥皂的制作

在穿越小说中，常常将肥皂制作列为必备技能之一，似乎主角掌握了这项技能就可以在异世界中轻松地生活下去。然而，实际上，我国肥皂制作技术的出现相对较晚。在我国，肥皂的制作始于清朝末年，主要是通过进口一些油脂原料，如牛油、猪油等，再加入碱液进行皂化反应来制作肥皂。当时的肥皂制作方法相对简单，主要以家庭作坊式的小规模生产为主。随着时间的推移，肥皂制作技术在我国不断发展和提高。到了 20 世纪 50 年代，我国开始引进国外的制皂技术，并逐步推广开来。同时，国内也开展了一系列制皂技术的研发和改进工作，不断提高肥皂制作的质量和效率。现在，我国已经成为一个制皂大国，拥有众多的制皂企业和品牌。肥皂制作技术已经得到了广泛应用和推广，成为人们日常生活中不可或缺的清洁用品之一。虽然在穿越小说中肥皂制作被列为必备技能之一，但在现实生活中，肥皂制作并不是一项必要的技能。因为现代社会中，肥皂已经成为商品化的产品，人们可以通过购买来获得所需的肥皂。不过，了解肥皂制作的过程和原理也是很有趣的事情，可以增加学生对化学和生活的了解。

教师可以用生活化情境导入新课：肥皂在大家的日常生活中非常常见，它是一种清洁用品，可以去除污垢和油脂。但是，大家通常都是从商店购买肥皂，有没有想过自己动手制作一块专属肥皂呢？今天，我们将一起探讨如何制作肥皂，了解肥皂的组成和制作过程。

1. 课标分析

本实验探究活动根据初中化学课程标准，旨在让学生通过制作肥皂这一实践活动，理解和掌握化学基本原理和实验技能，同时培养学生的创新意识和实践能力，增强学生的科学素养和环保意识。

2. 教材分析

本实验探究活动主要基于初中化学教材中关于物质性质、化学反应和实验技能的相关知识点。通过肥皂的制作，学生可以巩固和加深对相关知识点的理解，同时可以将理论知识应用到实践中，提升实验技能和实践能力。

3. 学情分析

本实验探究活动面向初中生，他们已经掌握了一定的化学基础知识，具备一定的实验操作能力。但是，学生还不能利用化学知识来制作一些具体的物品，他们还需要进一步提高实验技能，同时需要通过实践活动培养自身的创新意识和实践能力。

4. 教学目标

（1）知识与技能：让学生了解肥皂的制作原理和基本制作方法，掌握相关化学知识和实验技能。

（2）过程与方法：通过实验探究活动，让学生亲身参与肥皂的制作过程，培养学生的实验操作能力和创新思维能力。

（3）情感态度与价值观：通过本探究活动，让学生感受到化学知识与生活的紧密联系，增强学生的环保意识和科学素养。

5. 教学重难点

（1）教学重点：让学生掌握肥皂的基本制作方法，理解制作过程中的化学原理和实验技能的应用。

（2）教学难点：通过实践活动，培养学生的实验操作能力和创新思维能力，增强学生的科学素养和环保意识。

6. 实验材料

（1）烧杯：用于混合和容纳各种原料，包括猪油、氢氧化钠溶液、酒精和水等。

（2）玻璃棒：主要用于搅拌，在皂化反应过程中需要不断地搅拌以加快反应速度。同时，在加热过程中，玻璃棒也可以作为转移热量的工具，使热量分布更加均匀，防止局部过热。

（3）酒精灯：提供热源，使烧杯内的混合物可以加热到皂化反应所需的温度。

（4）石棉网：放在烧杯下方，使烧杯均匀受热，防止烧杯底部局部过热甚至出现糊底。

（5）三脚架：支撑石棉网和烧杯，使烧杯能以稳定的高度和角度放置，有利于热量的均匀分布。

（6）猪油：作为制作肥皂的主要油脂原料。它含有大量的饱和脂肪酸，可以与氢氧化钠发生皂化反应，是生成肥皂的主要成分。

（7）氢氧化钠：一种碱性物质，即所谓的"火碱"，可以与猪油中的脂肪酸发生皂化反应，生成肥皂。

（8）95% 酒精：可以促进皂化反应的进行。酒精和水以 1∶1 的比例混合，能降低反应体系的黏度，有助于反应物更好地混合，同时也能减缓皂化反应的速度。

（9）饱和食盐水：可以将肥皂和甘油分离。肥皂和甘油在饱和食盐水中的溶解度不同，肥皂更容易溶于水，而甘油则易溶于盐水中。用这个方式可以将肥皂和甘油分开。

以上就是制作肥皂所需的材料及其在制作过程中的作用。

7. 实验探究步骤

（1）精炼：在制皂过程中，需要先对油脂进行精炼。精炼的主要目的是去除油脂中的杂质，包括磷脂、蛋白质等。这些杂质可能会影响肥皂的质量和稳定性。精炼通常包括过滤和加热等步骤，可以有效地去除这些杂质。

精炼过程要先将油脂倒入锅中，加热到一定温度后添加一定量的碱液，并不断地搅拌，以使油脂中的杂质与碱液反应而沉淀下来；然后，将油脂倒入细布中过滤，以去除剩余的杂质；最后将油脂加热到一定温度并保温一段时间，以使油脂中的磷脂和蛋白质等杂质进一步沉淀下来。

（2）皂化：油脂精炼后，将其与氢氧化钠溶液进行皂化反应。皂化反应是指脂肪酸与碱反应生成肥皂和甘油的化学反应。这个过程中需要控制温度和时间，以确保反应充分进行。

皂化反应通常在较高的温度下进行，通常是将油脂和碱液按一定比例混合在一起，并在一定温度下反应一段时间。反应完成后，可以得到皂糊状物质，其中包括肥皂和甘油。

（3）盐析：将反应所得的肥皂盐析，即在闭合的皂料中，加入一定量的食盐或饱和食盐水，并加热到一定温度；然后不断地搅拌，使肥皂逐渐结晶出来。盐析可以将肥皂中的甘油和水分离出来，得到固体肥皂和甘油水。

（4）洗涤：分出废液后，加水及蒸汽煮沸皂粒，使之由析开状态成为均匀皂胶。洗出残留的甘油、色素及杂质。洗涤后的肥皂需要经过检验和包装才能使用。

洗涤是将固体肥皂加入水中浸泡一段时间，使其充分吸收水分并软化；然后加热到一定温度并不断搅拌，使肥皂溶解在水中并变得更加均匀；接着加入一定量的食盐继续搅拌，可以使肥皂中的残留物逐渐沉淀下来；最后将沉淀物过滤掉并干燥得到最终产品。

总之，制皂过程需要经过多个步骤才能完成，每一步都有其特定的目的和方法。通过精炼、皂化、盐析和洗涤等步骤，可以制作出纯净、高质量的肥皂。

8. 实验安全

在制作肥皂的过程中，需要注意一些安全问题。

（1）氢氧化钠的防护：氢氧化钠也被称为火碱，是一种具有强烈腐蚀性的化学物质。在制皂过程中，需要避免与氢氧化钠的直接接触。如果不小心溅到皮肤上，应立即用大量清水冲洗，并寻求医疗帮助。同时，操作氢氧化钠时，最好佩戴防护眼镜和手套，以防止任何可能的溅射。

（2）热源的使用：制皂过程中需要使用热源，如酒精灯或电热套。在使用这些热源时，必须小心谨慎，确保操作区域的整洁和干燥。不要在火源附近放置易燃物品，避免发生火灾。另外，不要在没有成年人监护的情况下让小孩或宠物接触热源。

（3）废液的处理：制皂实验后通常会留下一些废液，这些废液中含有氢氧化钠等化学物质，需要谨慎处理。不能直接倒入水槽或垃圾桶，因为这可能会引起化学反应，甚至引起火灾。最好的方法是将其倒入指定的废液容器中，并按照正确的环保方式处理。

（4）制皂过程的记录：进行实验时，建议记录下每个步骤的操作和结果，这有助于回顾实验过程，也有助于发现可能存在的问题。

总的来说，制作肥皂是一个有趣的实验，但也需要学生严格遵守安全规定，在教师的指导下进行实验可以更好地保障安全。只有在保证安全的前提下，学生才能更好地学习和享受制作肥皂的乐趣。

9. 总结与反思

通过本次活动，学生可以了解到肥皂的制作过程和基本化学反应类型。同时，学生还可以学习到如何将理论知识应用到实践中，提高自己的实验操作能力和动手能力。在实验过程中，学生需要注意安全事项和操作规范，避免发生意外事故。活动结束后，教师需要对活动进行总结和反思，以便更好地引导学生学习和掌握相关知识和技能。

10. 课外拓展

（1）课外拓展之一——其余类型油脂的选择。

油脂是制作肥皂的重要原料，不同的油脂具有不同的脂肪酸成分，从而影响肥皂的质地和使用效果。

①橄榄油。橄榄油是一种温和的油脂，含有较高的单不饱和脂肪酸（油酸），这种脂肪酸具有很好的保湿和滋养皮肤的作用。因此，橄榄油制作的肥皂质地温和，泡沫细腻且比较持久，清洁力适中，适合干性和敏感性皮肤使用。

②椰子油。椰子油是一种饱和度较高的油脂，含有较高的中链脂肪酸（MCFA），这种脂肪酸具有较强的清洁力和抑菌作用。因此，椰子油制作的肥皂泡沫丰富且具有较强的清洁力，可以深层清洁皮肤，适合油性和混合性皮肤使用。

③棕榈油。棕榈油是一种富含饱和脂肪酸的油脂，含有较高的棕榈酸和硬脂酸，这些脂肪酸具有较好的保湿和滋养皮肤的作用。因此，棕榈油制作的肥皂泡沫丰富且质地温和，清洁力适中，适合各种肤质使用，特别是干燥和缺水的皮肤。

（2）课外拓展之二——地沟油制作肥皂。

问题设置：地沟油（山区称之为"泔水油"或"潲水油"）是否能够用于

制作肥皂？请说出你的判断和理由。如果能的话，说出方案与想法。

探索实践思路：地沟油理论上可以用于制作肥皂，因为它们都含有甘油三酯。然而，在制作肥皂之前，需要对地沟油进行一些处理。

首先，地沟油可能含有一些杂质和异味，需要经过过滤和去味脱水等步骤以去除这些不良成分。其次，地沟油中的高级脂肪酸甘油三酯需要经过皂化反应才能转化为皂基和甘油。这一步骤需要加入适量的碱液并进行搅拌和加热。最后，将得到的皂基进行分离、提纯和固化，就可以得到肥皂了。

在制作肥皂的过程中，地沟油中的甘油可以作为肥皂的保湿成分。但需要注意的是，地沟油中的脂肪酸可能已经变质，因此制作出的肥皂可能不如使用新鲜油脂制作的肥皂品质好。

总的来说，虽然地沟油可以用于制作肥皂，但是其品质不如使用新鲜油脂制作的肥皂。因此，我们建议使用新鲜油脂来制作肥皂。

# 第二节　基于化学实验探究思考

化学实验探究是构建真实问题情境的重要方式之一。通过实验，学生可以亲自动手操作，观察化学反应的现象和过程，测量数据并分析结果，从而深入理解化学知识。实验探究还可以帮助学生将所学知识应用到实际生活中，提高其解决问题的能力。例如，通过探究当地环境污染的原因和解决方法，学生可以了解化学知识和技术在环境保护中的应用。此外，实验探究还可以培养学生的科学态度和创新精神，让他们学会探究问题、思考问题并寻找解决方案。总之，化学实验探究是构建真实问题情境的关键，也是培养学生科学素养和创新精神的重要手段之一。在山区初中化学教学中，教师应重视实验探究的作用，并积极引导学生进行实验探究活动。

## 一、基于化学实验构建探究情境

实验教学在化学课程中具有举足轻重的地位。化学教师为学生进行实验演示或指导他们亲自操作，能够让学生直观地观察化学现象，从而加深对相关化学知识的理解。这种教学方法比传统的讲授式教学更为生动、形象，能够有效地激发学生的学习兴趣和探求知识的欲望，培养他们的观察能力和创新能力。

因此，化学教师应当高度重视实验教学，认真做好实验准备和实验设计工作，以确保实验教学的质量和效果。

### （一）依托形象的实验情境营造，激活学生的学习兴趣和探知欲

化学实验是化学教学的重要组成部分，它可以让学生更加直观地了解化学现象和化学反应，加深对化学知识的理解和记忆。为了更好地激发学生的学习兴趣和探知欲，教师可以依托形象的实验情境营造，让学生身临其境地感受化学的魅力。

首先，教师可以利用生动有趣的实验现象吸引学生的注意力。例如，教师可以通过演示实验的方式，向学生展示一些奇特的化学现象，如"甲烷泡泡"实验，将甲烷通入肥皂水产生甲烷气泡，在点燃泡泡时，其中的甲烷气体迅速燃烧。事实上，在自然界也可以找到甲烷泡泡，冬天的时候它们会出现在一些封冻的湖中，这种泡泡也是非常易燃的。这些有趣的实验现象能够快速吸引学生的注意力，激发他们的好奇心和探究欲望。

其次，教师可以利用问题情境的引入，将书本知识与实际生活中的应用相结合，激发学生的学习兴趣。例如，教师在讲解"物质的溶解性"这一知识点时，可以让学生思考为什么在炒菜时加入食盐可以调味。这样的问题情境能够引导学生将化学知识与实际生活联系起来，让他们感受到化学的实用性和趣味性。

最后，教师还可以利用多媒体技术来营造更加生动、直观的实验情境。例如，教师使用图片、音频、视频等元素来帮助学生更深入地了解化学实验的原理和过程。教师通过加入这些生动的多媒体元素，可以让学生更加清晰地看到实验的每一个细节，更好地理解化学反应的原理和过程。

### （二）将演示实验模式转变为探索实验模式，培养学生的创新能力

传统的化学实验教学往往是教师进行演示实验，学生在旁边观察。这种教学方式虽然可以帮助学生了解实验过程和结果，但无法充分调动学生的积极性和主动性，也无法有效培养学生的创新能力。因此，教师将演示实验模式转变为探索实验模式是十分必要的。

教师可以根据教学内容和学生的实际情况，设计适合学生的探索性实验方案。例如，在讲解"酸碱中和反应"这一知识点时，教师可以设计一个探索性实验，让学生探究不同酸碱中和反应的现象和条件。学生通过自己动手操作，不仅可以更加深入地了解酸碱中和反应的原理和过程，还可以培养自身的

观察能力、思维能力和实践能力。

此外，教师可以引导学生自主设计实验方案并进行探索。例如，在讲解"有机物的合成"时，教师可以引导学生自主设计合成路线并加以验证。这种教学方式可以让学生发挥自己的想象力和创新能力，激发他们的探究欲望和创新精神。同时，学生还可以通过与教师、同学之间的交流与合作，不断完善自己的实验方案并改进实验操作技巧。

### （三）利用多媒体技术进行教学，提升实验教学效率

多媒体技术在化学实验教学中扮演着重要的角色。它可以通过生动的视听效果，为学生提供直观、形象的学习体验，帮助学生更好地理解和掌握化学知识。利用多媒体技术进行教学，不仅可以提高实验教学的效率，还可以保障实验教学的安全性。

通过多媒体技术，教师可以为学生演示实验的全过程，包括实验步骤、实验现象、实验结果等。学生可以通过直观的观察，了解实验的细节和重点，更好地掌握实验的原理和方法。同时，多媒体技术还可以为学生演示一些无法亲自操作的实验，如危险性较高、对环境有污染或者操作难度较大的实验。

利用多媒体技术进行教学，教师可以更好地掌控实验教学的内容和进度，更好地与学生进行沟通和交流。多媒体技术还可以为学生提供及时的反馈和指导，帮助学生更好地掌握实验技能和方法，提高实验教学的效果和质量。

### （四）在实际生活中拓展化学实验，提升学生的实验兴趣和化学素养

化学实验不仅可以在实验室里进行，还可以拓展到实际生活中。通过生活中的化学实验，学生可以更好地理解和掌握化学知识，提升自己的化学素养。

教师可以为学生布置一些生活中的化学实验，如利用食醋、小苏打等家庭常见物品进行化学实验，探究它们的化学性质或者发生的化学反应。这些实验不仅简单易操作，而且可以让学生更好地理解化学知识与实际生活的联系。

教师还可以为学生组织形式多样的生活实验与调查，如让学生调查当地环境污染的情况、探究不同洗涤剂的洗涤原理等。这些实验可以让学生更加关注社会、关注生活，提高他们的实验兴趣和化学素养。

通过在实际生活中拓展化学实验，学生可以更好地理解和掌握化学知识，提高自己的实验能力和化学素养。同时，这也有利于培养学生的探究精神和科学素养，促进学生的全面发展。

## 二、利用化学演示实验构建问题情境

初中化学实验教学是素质教育的重要组成部分，它可以培养学生的动手能力，促进其对化学知识的理解和掌握。初中化学课堂演示实验具有很强的直观性和示范性，通过演示实验，学生可以更容易地接受新知识，并正确地掌握仪器和试剂的使用方法以及操作方法。这对于学生以后独立进行实验操作是非常重要的。根据演示实验的目的，初中化学演示实验可以分为三种类型：传授新知识型演示实验、验证巩固所学知识的演示实验以及指导性演示实验。通过这些不同类型的演示实验，学生可以更好地理解和掌握化学知识，培养实验技能和观察能力。教师在演示实验中融入问题情境教学理念，可以使学生更加主动地参与到实验中来，提高教学效果和质量。

### （一）传授新知识型演示实验的问题情境教学

传授新知识型演示实验通常是为了让学生了解某种新的化学反应或现象，通过实验展示，帮助学生理解并掌握新的知识。在此类实验中，问题情境的创设可以使学生在观察实验现象的过程中产生认知冲突，从而激发他们的求知欲和探索欲。

例如，在做"酸碱中和反应"的实验时，教师可以先让学生回忆一下酸和碱的性质，然后提出"酸和碱反应会生成什么物质"的问题。接着，教师进行实验，让学生观察实验现象，再通过现象去理解反应的本质。

### （二）验证巩固所学知识的演示实验的问题情境教学

验证巩固所学知识的演示实验通常是用来检验学生对已学知识的理解和掌握程度。通过实验，教师可以帮助学生回忆和加深对已学知识的理解。

例如，在"二氧化碳的制取"的实验中，教师可以先让学生回忆一下实验室制取氧气的方法和步骤，然后提出"二氧化碳的制取能否采用与氧气相同的方法？"的问题。接着，教师可以进行实验，让学生观察并记录实验现象，再通过讨论和分析得出结论。

### （三）指导性演示实验的问题情境教学

指导性演示实验通常是为了让学生掌握某种实验技能或方法，比如仪器的使用、试剂的配置等。在此类实验中，问题情境的创设可以帮助学生明确实验目的和步骤，提高实验的成功率。

例如，在"氧气的制取"实验中，教师可以先让学生思考一下氧气制取的步骤和方法，然后提出"制取氧气时需要注意哪些细节？"的问题。接着，教师进行演示实验，学生认真观察教师的操作，结合问题情境来理解实验的关键步骤和注意事项。

## 三、化学实验探究中的情境再现

情境再现是一种有效的教学方法，它通过创设真实或接近真实的情境，让学生融入其中，更好地理解和掌握所学内容。

### （一）通过比对方式构建实验情境

情境再现的方法可以应用在初中化学实验教学中，通过比对方式构建实验情境是一种有效的手段。在实验演示过程中，教师可以选择一些简单的实验内容，让学生参与到化学实验操作中，通过比对实验情境，激发学生对化学实验的兴趣，培养学生的探究意识。

例如，在向学生展示三种溶液（NaOH、HCl、NaCl）和紫色石蕊溶液时，教师可以让学生观察三种不同的溶液和石蕊溶液相结合所产生的化学反应，并记录下来进行比对。通过比对情境，教师可以有效提升学生对化学实验的学习兴趣，培养学生的探究意识和观察能力。

另外，教师在进行"氧气"这一课的教学时，可通过比对的方式重现实验情境。准备酒精灯、小型氧气瓶、普通打气筒等实验器材，通过氧气瓶向火焰喷射以及普通打气筒向火焰喷射的效果比对，让学生明确认识到氧气相较于普通空气具有更加活跃的化学性质。教师通过比对方式重现实验情境，不仅让学生加深了对化学实验的学习印象，也深化了其对化学原理的认识和理解。

### （二）引用生活实际进行化学实验的情境再现

初中化学教学内容与生活中的各个方面具有一定关联性，因此在初中化学实验教学中，教师可以通过引用生活实际的方式再现情景，并以此展开化学实验教学。这种方法不仅可以让学生感受到化学知识学习与生活的关联性，也可以让学生养成运用化学知识解决实际生活问题的习惯，进而提升学生解决实际问题的能力。

例如，在教授"观察与思考"这一课时，教师可以引用生活中的一个例子——碳酸氢铵化肥堆。在夏天存放一段时间后，碳酸氢铵会产生强烈的刺激性气味，并且从存放位置开始逐渐减少。教师可以根据这个现象进行化学实验设想，并指导学生进行研究实验。将碳酸氢铵分别放入三个坩埚内，一份不加热，一份小火加热，一份大火加热，在相同时间的化学实验操作下，让学生观察三种不同方式的化学实验过程中碳酸氢铵的变化情况，并以此得出结论。

此外，教师也可以利用生活中的社会热点新闻以及自己身边的一些化学形象进行情境再现，并设计相关的实验方式引导学生思考探究。这种方法不仅有助于锻炼学生的自主学习能力，也有利于使学生养成良好的动手与动脑习惯。例如，教师可以以新闻报道中涉及的化学物质或现象为例，引导学生运用已学的化学知识和原理探究相关问题。同时，教师也可以组织学生参加化学实验竞赛或者课外活动，让学生在实践中巩固所学知识。

### （三） 初中化学实验教学的情境再现反思

情境再现是一种有效的教学方法，可以帮助学生在化学实验中更好地理解和掌握所学知识。在情境再现过程中，教师需要注意以下几个方面的问题。

首先，情境再现要具有实际性。化学实验教学中的情境再现要符合生活实际，不能随意虚构。教师可以通过引用生活中的化学现象、化学物质等来再现情境，如前面提到的碳酸氢铵化肥，可以让学生真实感受到化学实验与实际生活的紧密联系，从而更好地理解和掌握所学知识。

其次，注重因材施教。每个学生都有不同的学习能力和学习习惯，因此在情境再现中，教师需要考虑到学生的个体差异，因材施教。对于一些基础较差、理解能力较弱的学生，教师可以适当调整情境再现的方式和难度，帮助他们更好地理解和掌握所学知识。同时，教师也可以根据不同学生的兴趣和爱好来设计情境再现的方式和内容，从而更好地激发他们的学习兴趣和积极性。

最后，加强知识延伸。初中化学教学内容之间具有广泛的关联性，因此在情境再现过程中，教师可以根据教学内容的关联性来加强知识延伸。比如在"氧气的性质"这一课中，教师可以引导学生思考氧气与光合作用、燃烧等现象之间的关系，从而引出后续的教学内容，帮助学生构建系统性的化学知识结构。

总之，情境再现是一种非常有效的教学方法，在初中化学实验教学中具有重要的作用。在情境再现过程中，教师需要注意情境的实际性、因材施教以及加强知识延伸等方面的问题，从而更好地帮助学生理解和掌握所学知识。同时，教师也需要不断反思和改进情境再现的方式和内容，不断提高教学质量和效果。

**案例五：电解水实验中的问题情境创设与实验改进**

电解水实验在化学学科中具有重要地位，其重要性主要体现在理解电解原理、了解水的组成、培养实验技能和展示化学反应等方面。电解水实验不仅可以帮助学生们理解基础的化学原理，也可以培养他们的实验技能和科学素养。此外，电解水实验还具有环保和广泛应用的特点，可以降解污染物和有机物，从而减少污染，有助于保护环境，在生物、环境和工业等多个领域都有广泛的应用。因此，电解水实验是化学学科中不可或缺的一个重要实验。

1. 课标分析

电解水实验是初中化学中的一个重要实验，新课程标准要求学生通过实验探究水的组成和电解原理，理解电解水过程中发生的化学反应和能量转化关系。实验过程中，学生需要观察实验现象，记录数据，并基于数据进行分析得出结论。通过本实验，学生可以培养实验技能、观察和分析问题的能力，加深对电解原理和水的组成的了解。

2. 教材分析

电解水实验是新教材中的一个重要实验。实验中需要使用到的材料和设备包括电源、导线、电极、试管、带火星的木条等。在实验过程中，学生需要注意安全事项，如不要将电极放在试管口附近，避免与电源直接接触等。

3. 学情分析

学生已经学习了水的组成和电解原理等相关知识，但对于电解水实验的实际操作和现象观察还比较陌生。此外，不同学生的观察能力、实验操作能力和分析能力也存在一定的差异。考虑到这些因素，实验前教师需要对学生进行充分的安全教育和实验操作指导。

4. 教学目标

（1）知识与技能：通过电解水实验，使学生了解水的组成和电解原理，掌握电极的使用方法和电解水的过程。

（2）过程与方法：通过实验观察和数据分析，培养学生的观察能力、实验操作能力和分析问题的能力。

（3）情感态度与价值观：通过实验激发学生的学习兴趣和对化学的热爱，使学生树立科学探究的精神和严谨的实验态度。

（4）安全意识：通过实验树立学生的安全意识，使学生严格遵守实验规则，确保实验安全。

5. 问题情境创设

创设问题情境是一种通过提出具有思考性的问题，引发学生的认知冲突，激发他们的学习兴趣和好奇心，从而引导他们主动参与到学习中来的方法。

在电解水实验中，教师可以先播放一个动画或视频，展示水电解的过程，让学生对这个实验有一个初步的认识；然后，针对水电解的过程提出一些问题，如：

（1）水电解过程中，阴极和阳极各产生什么气体？这个问题可以帮助学生理解电解的过程，以及每个电极上发生的变化。

（2）产生的这两种气体是否一样多？这个问题可以引发学生对于气体产生量的思考，激发他们的好奇心。

（3）如何验证产生的这些气体是什么？这个问题可以引导学生思考如何通过实验手段验证产生的气体，培养他们的科学探究思维。

（4）通过这个电解水的实验，我们可以得出什么样的结论？这个问题帮助学生从宏观和微观两个层面理解这个实验，让学生既理解了实验的现象，也理解了实验的本质。

这些问题情境的创设，可以引导学生主动思考，激发他们的探究欲望和学习兴趣，提升他们的学习效果。

6. 实验改进

实验是化学学习的重要手段，一个设计良好的实验可以帮助学生深入理解化学原理。为了提升电解水实验的教学效果，教师可以从以下几个方面对实验进行改进：

（1）增加实践环节。为学生提供实验器材，让他们自己动手操作，感受实验过程，这样可以提高学生的实践能力和动手能力，使他们对电解水的过程有更深入的理解。

（2）改进实验方法。传统的电解水实验方法将电解后的水滴在载玻片上进行观察，这种方法对于比较阴极和阳极产生的气体量有一定困难。教师可以引导学生使用注射器代替试管进行电解实验，将产生的气体分别收集在两个注射器中。这样既方便又直观，可以更好地比较两种气体的产生量。例如，教师可以通过分别向两个注射器中注入等量的肥皂水来可视化地展示这一现象。

（3）引入创新思维。为了使实验更加生动有趣，教师可以引导学生发挥创造力，将生活中的废旧材料转化为实验器材。例如，教师可以用废旧的电池制作简易版的电解器，这样不仅可以降低实验成本，还可以培养学生的创新意识，让他们意识到化学实验与生活息息相关。

（4）开展小组合作。教师可以将学生分成小组进行实验，让他们相互合作、交流讨论，共同解决问题。这样可以培养学生的团队协作精神，提高他们的交流能力和解决问题的能力。例如，教师可以设置一个小组竞赛，看哪个小组能更快更准确地完成实验并得出正确的结论。

通过问题情境创设和实验改进，电解水实验不仅变得更加生动有趣、直观形象，可以提高学生的学习兴趣和探究欲望，而且可以使他们更好地理解电解的概念和水的组成，为后续的化学学习打下坚实的基础。

# 第三节　融入化学史创设情境

化学史是指关于人与自然依存关系，人类在不断认识和改造自然的过程中，与其他学科一起取得自身进步和发展的历史。将化学史融入初中教学情境创建中，可以激发学生的学习兴趣和好奇心，调动他们的积极性和主动性，有利于学生了解人与自然、人与社会的关系。同时，有关化学史的问题情境能够培养学生的创新精神，启迪学生的创新思维，以及培养学生的民族自豪感和责任感，激励他们努力学习和探索。因此，化学史在初中化学教学问题情境创设中具有重要的作用。

## 一、融入化学史创设真实问题情境的要求

融入化学史创设情境在化学教学中具有重要意义。真实、科学、目标明确、生动有趣、符合学生认知特点、有挑战性但不过于复杂、有系统性和连贯性的情境创设，可以有效地培养学生的问题解决能力与科学探究能力，提高他们的化学学习兴趣和科学素养。同时，情境的创设也需要考虑学生的实际情况和认知规律，尽可能地让学生感受到化学学习的乐趣和价值，激发他们的学习动机和兴趣。

### （一）真实性和科学性

化学史是化学学科发展的真实写照，其中涵盖了众多科学家们的实验探究

和理论创新。情境的创设应以真实的历史事件和科学数据为基础，让学生感受到科学探索的严谨性和真实性。例如，在学习"走进化学世界"这一课时，教师可以引用化学史上的诸多发现，如电子的发现、原子的研究等，让学生了解科学家们的探究过程和科学精神，从而更好地理解物质构成的原理。

此外，化学史料的运用也必须符合科学原则，不能为了追求生动性而随意改编或歪曲历史事实。同时，情境的创设也需要结合学生的认知特点，例如，刚开始学习化学的学生可能更容易接受直观性和生活化的内容，而经过了一段时间学习的学生则可以接受更抽象和深入的内容。

### （二）明确目标

情境的创设应紧扣化学教学的目标。教学目标不仅是引导学生掌握化学知识和技能，更重要的是培养他们的科学思维和创新精神。因此，情境的创设应该围绕这些目标展开，让学生在情境中思考、探究、实践，提高他们的科学素养。

同时，情境的创设还需要与教学内容紧密相连，不能脱离教学内容本身。例如，在教授"燃烧和灭火"这一知识点时，可以引入化学史上的著名实验——拉瓦锡的燃烧实验，让学生了解燃烧和灭火的科学原理，同时激发他们对化学的热爱之情。

### （三）生动有趣

化学史上的许多故事和实验都充满了趣味性和生动性，教师可以充分利用这些素材来创设情境，吸引学生的注意力，激发他们的学习兴趣。例如，可以通过表演历史短剧的形式，还原科学家在进行科学研究时的情境与心路历程，教师在此过程中也要适时地与学生开展互动并进行提问，使学生在讨论中推动故事发展并推理出最后的结论。这种方式不仅可以吸引学生的注意力，还可以让他们更深入地理解科学家的思考方式和探究过程。

### （四）符合学生认知特点

情境的创设要考虑学生的认知特点，包括他们的学习进度、理解能力、兴趣爱好等。针对不同年级的学生，情境的创设应有不同的难度和深度，例如，针对刚开始学习化学的学生，应更注重于生活化和直观性的内容。让学生能快速理解和接受；而针对有一定化学知识基础的学生，则可以引入更多的理论和实验内容，培养他们的科学探究能力。

同时，情境的创设还需要注意学生的情感体验，尽可能地让学生感受到化学学习的乐趣和价值，激发他们的学习动机和兴趣。例如，教师可以通过讲授化学史上的小故事、趣味实验等方式，让学生感受到化学学科的魅力。

### （五）有挑战性但不过于复杂

情境的创设要有一定的挑战性，这样可以激发学生的探究欲望，但也不能过于复杂，以免超出学生的能力范围，导致学生失去探究的积极性。例如，在教授"酸和碱"这一知识点时，可以引入化学史上的分类学派和原子学派的分歧和共识，让学生了解不同学派的探究过程和思考方式，从而更好地理解物质分类和性质的原理。

同时，挑战性的设置也需要符合学生的认知规律和能力水平，不能过于简单也不能过于困难。教师可以通过设置问题、组织讨论等方式来营造挑战性的学习氛围，让学生通过努力获得成就感和自信心。

### （六）系统性和连贯性

情境的创设要有系统性和连贯性，每个情境都应该围绕教学目标展开，层层深入，前后连贯。例如，教师在教授"物质的分类和性质"这一知识点时，可以设置一些具有挑战性的问题或实验探究活动，引导学生深入思考和理解物质分类及性质的原理。这样可以让学生在学习过程中感受到化学学科的系统性和连贯性。

情境的创设还需要考虑不同情境之间的联系和过渡，确保学生在学习过程中能够顺利地从一个情境过渡到另一个情境。例如，在教授"物质的性质和变化"这一知识点时，教师可以引入化学史上的不同学派的探究过程和思考方式，让学生了解科学家们在不同时期对物质性质和变化的不同认识。同时，教师可以设置一些挑战性的问题或实验探究活动，引导学生深入思考和理解物质性质和变化的基本原理。这样可以让学生在学习过程中感受到化学学科的系统性和连贯性，同时也可以激发他们的探究欲望和学习兴趣。

## 二、利用化学史构建真实问题情境的路径

利用化学史构建问题情境是一种有效的教学方法，可以帮助学生更好地理解化学知识的产生和发展过程，同时也有助于培养学生的科学素养和创新意识。

### （一）利用化学史中的重要事件

化学史上有很多重要的事件，如燃烧现象的发现、元素周期律的发现、电子的发现等。教师可以利用这些事件来设计问题情境，引导学生深入探究化学知识的内涵和意义。化学史上的重要事件可以作为问题情境的素材，帮助学生更好地理解化学知识的产生和发展过程，同时也有助于培养学生的科学素养和创新意识。

#### 1. 选择恰当的历史事件

第一，针对所教内容选择恰当的历史事件。不同单元的内容有不同的化学史事件，教师需要选择与教学内容相符合的事件，使学生能够更好地理解化学知识的产生和发展过程。

第二，选择具有代表性的历史事件。在化学史上有很多重要的事件，教师需要选择那些具有代表性的事件，如氧气的发现、元素周期律的发现、电子的发现等，这些事件能够反映出化学学科的发展过程和化学家的思考方式。

第三，选择能够引起学生兴趣的历史事件。教师需要选择那些能够引起学生兴趣的历史事件，如一些化学家在探索化学现象时的奇闻趣事或幽默故事等，这样可以增加学生对化学学科的兴趣和热情。

#### 2. 深入挖掘事件背后的化学原理

化学史上的重要事件背后往往隐藏着很多化学原理或概念，教师可以从以下几个方面入手进行深入挖掘：

第一，事件发生的历史背景。了解事件发生的历史背景有助于学生更好地理解化学知识的产生和发展过程，如门捷列夫发现元素周期律的时代背景、居里夫人发现镭元素的背景等。

第二，事件中涉及的化学原理。深入了解事件中涉及的化学原理可以帮助学生更好地理解化学知识的本质和内涵，如燃烧现象的本质是什么，如何解释燃烧现象，这些都需要教师引导学生深入探究。

第三，事件的后续影响。了解事件的后续影响可以帮助学生了解化学知识的发展和应用，如元素周期律对化学学科的影响是什么，电子的发现对化学学科的发展有何意义。

#### 3. 引入多元化的问题情境

利用化学史上的重要事件可以设计多元化的问题情境，从不同的角度和层面来帮助学生了解化学知识的产生和发展过程。

第一，探讨某个历史事件对化学学科发展的影响。例如，教师可以让学生思考氧气发现的过程对当时化学学科的发展有何影响，门捷列夫的元素周期律对化学学科的发展有何影响，居里夫人的镭元素对医学和科学有何贡献，等等。

第二，探讨某个历史事件对人类社会的贡献。例如，教师可以让学生思考燃烧现象的发现对人类的生产和生活有何贡献，电子的发现对现代科技的发展有何贡献，等等。

第三，探讨某个历史事件背后的科学精神和态度。例如，教师可以让学生思考门捷列夫在发现元素周期律时是如何克服困难的，居里夫人在发现镭元素的过程中是如何坚持不懈的，等等。这可以帮助学生了解科学家的思考方式和科学精神，培养他们的科学素养和创新意识。

### （二）利用化学家的重要发现和发明

化学家们有很多重要的发现和发明，如中国古代工匠的陶瓷技术、门捷列夫的元素周期表、居里夫人的镭元素等。教师可以利用这些发现和发明来设计问题情境，引导学生深入探究化学知识的本质和应用。化学家们的重要发现和发明是化学史的重要组成部分，这些发现和发明不仅推动了化学学科的发展，也促进了人类社会的进步。利用这些发现和发明设计问题情境，教师可以帮助学生更好地理解化学知识的本质和应用，同时培养学生的科学素养和创新意识。

1. 引导学生了解化学家的思考方式

教师可以选择一些具有代表性的化学家实验，例如，门捷列夫在发现元素周期律时是如何思考和排列元素的，居里夫人在发现镭元素时是如何探究其性质的，法拉第在电解水实验中是如何探究水分子的结构的，等等。

教师通过讲解化学家的思考方式和实验过程，可以帮助学生掌握科学探究的方法和思路，同时也可以引导学生学习化学家的科学精神和态度。例如，门捷列夫在发现元素周期律时，他所面对的是一堆杂乱无章的元素，但是他通过对于规律性的探索和思考，最终发现了元素周期律。这个过程需要教师引导学生深入了解门捷列夫的思考方式和科学精神。

2. 引入化学家实验中的重要发现

教师可以让学生思考制作陶瓷技术的原理和应用是什么，元素周期表对化学学科的意义是什么，镭元素对医学和科学有何贡献，等等。这些问题可以帮助学生了解化学知识的产生和发展过程，同时也可以促进学生对化学知识的理解和掌握。

### 3. 培养学生的创新意识

教师可以让学生思考化学家的重要发现和发明对人类的启示是什么，能否将这些发现和发明应用到实践中，这些问题可以培养学生的创新意识，激发他们对化学知识的探索欲望。例如，教师可以引导学生思考门捷列夫的元素周期律对人类的生产和生活有何启示，能否利用元素周期律来发现新的材料或物质，能否利用镭元素来探究新的治疗方法或药物，等等。这些问题情境可以引导学生进行创新思考，培养他们的创新意识和探索精神。

### （三）利用化学领域中的重要争议

化学领域中也有很多重要的争议，如有机化学和无机化学的争议、化学反应中原子经济性的争议等。教师可以利用这些争议来设计问题情境，引导学生深入探究化学知识的内涵和外延。化学领域中的重要争议能够帮助学生理解化学知识的多样性和复杂性，了解化学学科的发展和进步，培养科学素养和创新意识。

#### 1. 选择恰当的争议素材

在选择化学领域中的重要争议作为问题情境的素材时，教师需要注意以下几点：

首先，针对所教内容选择恰当的争议素材。不同年级、不同单元的内容有不同的化学争议，教师需要选择与教学内容相符合的争议，使学生能够更好地理解化学知识。

其次，选择具有代表性的争议素材。有代表性的争议反映了化学学科的发展和进步，能够促使学生独立思考、积极探索，有助于核心素养的养成。

最后，选择能够引起学生兴趣的争议素材。教师需要选择那些能够引起学生兴趣的争议素材，如一些涉及环境保护、食品安全等问题的化学争议，这样可以增加学生对化学学科的兴趣和热情。

#### 2. 深入剖析争议的核心问题

教师可以从争议中提炼出核心问题，引导学生深入探究。例如，教师可以让学生思考有机化学和无机化学的异同点是什么，化学反应中如何实现原子经济性，思考这些核心问题可以帮助学生掌握相关化学知识，同时也有助于培养学生的科学素养和创新意识。

#### 3. 引入角色扮演和辩论赛等活动形式

教师可以通过组织学生进行角色扮演或辩论赛等活动形式，让学生更加深入地了解争议的背景和相关问题。例如，教师可以安排学生分组扮演不同的角色，如有机化学派和无机化学派等，然后组织学生进行辩论，这样能够帮助学生多角度地了解化学知识的产生和发展过程。此外，教师也可以引导学生搜集相关资料和信息，然后组织学生进行讨论和分析，从而使学生更好地了解争议的核心和相关问题。这些活动形式不仅可以帮助学生更好地理解化学知识，还可以培养学生的表达能力和合作精神。

## 三、利用化学史创建问题情境的策略

由于化学史记录了化学学科的发展历程，因此它在初中化学教学中扮演着重要的角色。教师应该在课堂教学过程中，让学生通过学习化学史，深刻理解先辈们不懈追求真理的探索精神，从而有效提高自身的核心素养。教师借助化学史辅助教学，可以增加化学课堂的趣味性，提高学生的感知能力。

### （一）利用化学史实现实验融合设计

化学史和化学实验的融合设计是一种有效的教学策略，通过将化学知识的人文背景和科学内涵融入化学实验中，可以增加化学实验的趣味性，帮助学生更好地理解化学知识。

1. 确定融合点

教师要仔细分析化学史和化学实验的相关内容，找到它们的融合点，这个融合点可以是化学家或科学家的研究发现、实验过程或科学思想。

2. 设计实验方案

根据融合点，教师可以设计出具有针对性的实验方案，方案要注重实践性和探究性，能够让学生在实验过程中更好地体验化学知识的科学内涵和人文背景。

3. 准备实验器材

根据实验方案，教师需要准备相应的实验器材，这些器材要符合学生的认知水平，并且要具有一定的探究性。

4. 实施实验教学

在实验教学过程中，教师可以通过引导学生进行实验操作、观察实验现象、记录实验数据等方式，帮助学生理解化学知识。

5. 分析总结

在实验结束后，教师需要引导学生对实验结果进行分析和总结，让学生从自己的角度出发，对化学史和化学实验进行个性化的理解和表达。

例如，在"空气"这一课的教学中，教师可以引导学生通过拉瓦锡的实验发现氧气的存在，并让学生通过自己的实验操作来验证这一发现。这样的融合设计可以帮助学生更好地理解化学知识的本质和背景，提高他们的学习兴趣和探究能力。

### （二）通过化学史创设全新教学情境

化学史可以为课堂教学提供丰富的教学情境资源，通过将化学史与课堂教学相结合，可以帮助学生更好地理解化学知识，提高他们的学习兴趣和探究欲望。

1. 选择合适的历史事件

教师要仔细分析教学内容和学生的实际情况，选择与课堂教学内容相关的、具有代表性的历史事件或故事，这些事件或故事可以是一些化学家的研究发现、实验过程或科学思想。

2. 营造真实的问题情境

根据所选的历史事件或故事，教师可以营造真实的问题情境，这些问题要具有一定的挑战性和启发性，能够吸引学生的注意力并激发他们的探究欲望。

3. 引导学生自主学习

在问题情境中，教师需要引导学生通过自主学习、小组合作等方式解决问题，让学生充分发挥自己的主体作用，并在这个过程中获得更深刻的认识和体验。

4. 分析总结

在问题解决后，教师需要引导学生对解决问题的过程进行分析和总结，让学生从自己的角度出发，对所学的化学知识进行总结和应用。

例如，在"水的组成"这一课的教学中，教师可以引导学生了解科学家们在不同时期对水的组成的认知变化，并让学生通过自主学习和小组讨论的方式探究水的组成。这样的教学情境可以帮助学生更好地理解水的组成及其重要性和价值。

### （三）利用化学史提升学生的自主探究能力

化学史可以作为提升学生自主探究能力的重要资源之一。通过研究科学家们的探究历程和实验方法，学生可以学习到科学家的探究精神和创造性思维，同时也可以提高自己的自主探究能力。

1. 选取典型的探究案例

教师要仔细分析初中生的认知水平和兴趣爱好，选取具有代表性的探究案例，这些案例可以是化学家的研究发现、实验过程或科学思想。

2. 分析探究案例

在教学过程中，教师需要引导学生深入分析探究案例，让学生了解科学家们的探究思路和方法以及他们的创新精神和实践能力。

3. 设计自主探究方案

根据探究案例的分析结果，教师可以引导学生自主设计探究方案，方案要注重实践性和创新性，能够让学生在探究过程中更好地发挥自己的主体作用和能力优势。

4. 实施自主探究活动

在探究过程中，教师需要引导学生进行自主探究、观察和分析实验现象及数据等操作，让学生充分发挥自己的实践能力和创新精神。

5. 分析总结与评价

在探究活动结束后，教师需要引导学生对探究过程和结果进行分析和总结，并让学生进行自我评价和互相评价，让学生从自己的角度出发对所学的化学知识和探究方法进行总结和应用。

例如，在"酸和碱"这一单元的教学中，教师可以引导学生了解波义耳发现酸碱指示剂的过程和方法以及他的创新精神和实践能力。

## 案例六：融入化学史的问题情境创设——以"氧气的发现"为例

1. 课标分析

通过本节内容的学习，学生能够了解科学家发现氧气的过程和方法，掌握氧气的基本性质和实验室制取方法，加深对氧气、科学的探究，以及对科学本质的认识。

2. 教材分析

本节内容以"氧气的发现"为案例，通过化学史和科学探究活动相结合的方式，让学生了解科学家发现氧气的过程和方法，掌握氧气的实验室制取方法和基本性质，培养学生的科学探究能力和科学精神。

3. 学情分析

学生在学习本节内容之前，已经学习了一些基础知识，如物质的分类、元素化合物的性质等，但是对于氧气的发现历程和实验室制取方法还需进一步学习。通过本节内容的学习，学生可以掌握氧气的性质、制取方法和探究历程等知识，对于提高科学素养和认识科学本质具有重要意义。

4. 教学目标

（1）知识与技能：了解氧气的发现历程和科学家的探究方法；掌握氧气的实验室制取方法和基本性质；能够应用所学知识解决实际问题。

（2）过程与方法：通过化学史和科学探究活动相结合的方式，培养学生的科学探究能力和科学精神；通过小组合作和讨论培养学生的合作精神和沟通能力。

（3）情感态度与价值观：激发学生对科学本质的认识和对化学的热爱之情；培养学生的创新意识和实践能力，使其树立正确的科学价值观和科学态度。

5. 教学重点和难点

（1）教学重点：了解氧气的发现历程和科学家的探究方法；掌握氧气的实验室制取方法和基本性质。

（2）教学难点：应用所学知识解决实际问题；培养科学探究能力和科学精神。

6. 引入化学史

在化学教学中，教师通过引入化学史可以帮助学生更好地理解化学知识的产生和发展过程，同时也可以激发学生的学习兴趣和探究欲望。在"氧气的发现"这一知识点的教学中，可以通过以下方式引入化学史：

（1）讲述普利斯特利的实验过程。教师可以介绍英国化学家普利斯特利通过实验发现氧气的大致过程，让学生感受到科学探究的艰辛和科学家们的精神追求。

（2）展示拉瓦锡的实验探究历程。教师可以向学生展示法国化学家拉瓦锡进一步验证普利斯特利实验并得出氧气是一种新元素的结论的实验探究历程，引导学生感受科学家的思考方式和探究方法。

教师通过引入化学史，可以让学生更好地理解化学知识的产生和发展过程，同时也可以激发学生的学习兴趣和探究欲望，为后续的教学奠定基础。

7. 设置情境问题

在介绍化学史背景的基础上，教师可以设置一些情境问题，引导学生思考和探究。这些问题可以围绕以下三个方面展开：

（1）普利斯特利在实验中是如何发现氧气的存在的？教师可以引导学生回顾普利斯特利的实验过程并思考他是如何一步步发现氧气的存在的，同时可以提出一些问题，例如：普利斯特利在实验中观察到了什么现象？他是如何解释这些现象的？他的结论是否正确？

（2）拉瓦锡在验证普利斯特利实验的过程中，得出了哪些重要发现？教师可以介绍拉瓦锡的实验探究历程，引导学生思考他是如何验证普利斯特利的实验并得出新的结论的，同时可以提出一些问题，例如：拉瓦锡在实验中观察到了什么现象？他是如何解释这些现象的？他的结论是否正确？

（3）氧气对我们日常生活和科学实验有什么重要意义？教师可以引导学生思考氧气在日常生活中的作用和在科学实验中的重要性，同时可以提出一些问题，例如：氧气在呼吸、燃烧等方面有哪些应用？在科学实验中，氧气的作用是什么？它对实验结果有何影响？

这些问题不仅可以帮助学生理解氧气的性质和作用，还可以让学生更好地理解科学探究的基本思路和方法。这些问题的提出可以引导学生主动思考，通过自己的探究得出结论，同时也可以让学生感受到科学家的思考方式，提高学生的科学素养。

8. 学生自主探究

在设置情境问题后，教师可以引导学生通过自主探究的方式解决问题。例如，教师可以让学生自己设计实验方案，通过实验验证普利斯特利实验和拉瓦锡实验的结果。具体来说，可以按照以下步骤进行：

（1）分组：教师可以根据学生的兴趣和特点，将学生分成不同的组别，每组人数根据实际情况而定。

（2）设计实验方案：学生可以设计自己的实验方案，通过实验验证普利斯特利实验和拉瓦锡实验的结果。设计方案时，学生可以参考教科书或相关资料，也可以加入自己的想法和创新元素。

（3）实施实验方案：学生按照自己设计的实验方案进行实验操作。在实验过程中，教师要强调安全意识，同时也要引导学生认真观察、记录实验现象和数据。

（4）分析数据：学生根据实验现象和数据进行分析和讨论，得出结论。在此基础上，教师可以引导学生对结论进行总结和归纳，形成较为完整的探究报告。

教师通过自主探究的教学方式，可以让学生更加深入地理解化学知识，同时也可以提高学生的实践能力和创新精神。通过自主探究，学生可以更好地感受到科学探究的乐趣和挑战，从而更好地培养自己的科学素养。

9. 板书设计

> 一、燃素学说的提出
> 背景：当时人们认为一切可以燃烧的物质都是由一种名为"燃素"的物质组成的
> 提出者：德国化学家贝歇尔
> 二、舍勒发现氧气
> 实验：加热硝酸盐可以得到"火气"（即氧气）
> 结论：燃烧的本质是物体吸收火气并与火气结合的过程
> 三、拉瓦锡的研究
> 实验：加热汞氧化得到的化合物中含有氧气
> 结论：氧气是一种单质，是燃烧的本质原因

# 第四节　合理利用现代信息技术

合理利用现代信息技术构建初中化学真实问题情境，可以有效地提高教学质量和效果，培养学生的探究精神和自主学习能力。因此，教师应该不断地探索和创新，积极推进信息技术与化学教学的深度融合。

## 一、现代信息技术在初中化学教学真实问题情境构建中的作用

现代信息技术在化学教学真实问题情境构建中起到提高学生学习兴趣、深度联系实际生活、加深理解程度、个性化教学和提高教学效率等重要作用。

### （一）提高学生学习兴趣

多媒体技术可以通过图片、视频、动画等形式将化学知识变得更加生动、形象，从而增强学生的学习兴趣和好奇心。例如，在讲解"酸碱中和反应"这一知识点时，教师可以通过多媒体技术展示反应过程，让学生直观地观察到酸碱中和反应的神奇之处。同时，这种教学方式还可以提高学生在课堂上的参与度，让他们更加积极地参与到学习中来。又如，在讲解"有机物的合成"这一知识点时，教师可以通过多媒体技术为学生展示一些生活中常见的有机

物，如塑料、橡胶、纤维等，让学生了解这些有机物的合成方法和基本性质，从而更好地理解和应用化学知识。同时，教师通过这些实例的展示，可以让学生更加关注生活中的化学问题，激发他们的学习兴趣和探究欲望。

### （二）深度联系实际生活

现代信息技术可以将化学知识与实际生活紧密相连，从而让学生更好地理解和应用化学知识。例如，教师在讲解"氧化还原反应"这一知识点时，可以通过实例让学生了解氧化还原反应在实际生活中的运用。如食品包装袋中的抗氧化剂，可以有效地减缓食品的氧化过程，从而延长食品的保质期。又如，在一些特定的环境下，人们需要利用氧化还原反应来制备氧气，从而为人类提供呼吸所需的气体。这些实例可以让学生更加深入地理解氧化还原反应的本质和应用。

### （三）仿真技术加深理解程度

仿真技术可以模拟化学实验和反应过程，从而使学生在安全的环境下进行实践操作，加深对知识的理解和记忆。例如，教师在利用信息技术改善初中化学教学过程中，可以通过仿真技术为学生模拟不同物质在不同条件下的变化过程，如金属的氧化还原反应、水解反应等过程，让学生通过直观的观察和操作，更好地理解物质的变化和性质。同时，仿真技术还可以为学生模拟一些危险性较高、操作难度较大的实验，如为学生模拟如何处理易燃易爆物质等，学生通过仿真操作可以更好地掌握实验技能和方法，提高实验教学的效果和质量。

### （四）提高教学效率

现代信息技术可以大大简化教师的工作，提高教学效率。例如，自动批改作业、在线答疑等，使教师可以有更多的时间专注于教学和学生的个性化需求。又如，在进行单元测验时，教师可以通过网络将试卷发放给学生，让学生在网络平台上完成，然后由系统自动批改，这大大提高了教师的工作效率，而且还能根据每个学生的答题情况为他们制订不同的学习计划，从而更好地满足学生的学习需求。

## 二、利用现代信息技术构建初中化学教学真实问题情境的路径

利用现代信息技术构建初中化学教学真实问题情境的路径可以多种多样。我们可以利用多媒体技术，通过图片、视频、动画等形式，将化学知识融入实际生活中，构建真实的问题情境。例如，教师在课堂教学中可以通过展示一些生活中的例子，比如水的三态变化、燃烧和灭火等，让学生更深刻地理解物质的变化和性质。教师也可以利用仿真技术模拟化学实验和化学反应过程，让学生在安全的环境下进行实践操作，加深对知识的理解和记忆。

### （一）利用多媒体技术呈现真实场景

利用多媒体技术可以将化学知识与实际生活、生产实践等联系起来，构建真实的问题情境，帮助学生更加直观地理解化学知识。具体而言，教师可以根据教学内容和目标，选择适合的多媒体资源，如图片、视频、动画等，来呈现相关的化学知识和现象。例如，教师可以播放一些化工生产流程的视频，帮助学生了解化学知识在实际生产中的应用，同时也可以通过模拟真实的化学实验演示，来让学生感受化学反应的神奇和奥妙。

通过这种教学方式，教师可以激发学生的学习兴趣和探究精神，提高学生对化学知识的理解和掌握能力。同时，教师还可以引导学生思考化学知识与环境保护、社会生活等方面的联系，培养学生的社会责任感和环保意识。

### （二）利用模拟软件进行实验操作

模拟软件可以让学生进行虚拟的化学实验操作，从而培养学生的实验技能和探究精神。在模拟实验中，学生可以选择不同的实验器材和试剂，进行自主探究和操作，观察和分析实验现象，掌握化学实验的基本方法和技巧。例如，一些教学软件可以模拟多种化学实验场景，包括有机化学、无机化学、物理化学等领域的实验，学生可以通过该种软件进行自主探究和学习。

利用模拟软件进行实验操作具有多方面的优势。首先，模拟实验可以避免真实实验中存在的安全风险和环境污染等问题。其次，模拟实验可以帮助学生更好地掌握实验技巧和方法，提高学生的实验能力和探究精神。最后，模拟实验还可以引导学生自主探究和学习，培养学生的创新能力和科学素养。

### （三）利用网络资源进行拓展学习

网络资源丰富多彩，可以为学生提供更加广阔的学习空间和更多的素材。教师可以根据学生的兴趣爱好和学科特点，推荐一些与化学相关的网站、论坛等，让学生自主选择感兴趣的内容进行学习。例如，教师可以推荐一些优秀的化学网站和论坛，这些网站和论坛提供了丰富的学习资源和交流平台，可以帮助学生拓宽视野、提高自主学习能力，也可以提高学生对化学学科的整体认知，培养其科学素养等。

### （四）利用信息技术手段进行互动教学

信息技术手段可以为师生之间的交流互动提供更加便捷的平台。教师可以通过在线学习平台、即时通信工具等信息技术手段，与学生进行互动交流，及时了解学生的学习情况，为学生提供个性化的辅导。例如，教师可以利用在线学习平台，为学生提供互动式的学习资源和活动，学生可以在线提交作业、参与讨论区交流等。同时，教师还可以通过即时通信工具与学生进行实时交流，解答学生的问题。

利用信息技术手段进行互动教学具有多方面的优势。首先，可以加强师生之间的沟通与交流，提高学生对知识的掌握和理解能力。其次，可以及时反馈学生的学习情况，促进师生之间的互动，提高学生对于知识的认知和运用能力。最后可以提升学生的学习兴趣和学习成绩，培养学生的探究精神和创新能力等。

## 三、初中化学虚拟实验教学中的真实问题情境创设

初中化学虚拟实验教学是一种利用现代信息技术手段模拟化学实验过程的教学方法。通过虚拟实验，学生可以在计算机或移动设备上模拟实验操作，观察化学反应现象，掌握化学实验技能和方法，提高对化学知识的理解和应用能力。在虚拟实验教学中，真实问题情境的创设具有重要意义，可以帮助学生更好地理解和应用化学知识，提高解决问题的能力。

### （一）初中化学虚拟实验教学的优势

#### 1. 安全可靠

虚拟实验可以在计算机或移动设备上模拟实验操作，避免了真实实验中存在的安全风险和环境污染等问题。学生在虚拟实验中可以进行自主探究和学

习，培养了实验能力和探究精神。

2. 直观形象

虚拟实验通过多媒体技术将化学反应现象和实验过程以直观、形象的方式呈现出来，帮助学生更好地理解和掌握化学知识。在虚拟实验中，学生可以观察到真实实验中难以观察到的微观现象和反应过程，从而更好地理解化学原理和知识。

3. 多样化的实验环境

虚拟实验可以模拟不同的实验环境和条件，帮助学生了解不同条件下的化学反应和现象。学生可以在虚拟实验中自主选择实验条件和试剂，进行多样化的探究和学习，培养了创新能力和科学素养。

4. 个性化教学

虚拟实验可以根据学生的兴趣爱好和学科特点进行个性化教学。学生可以在虚拟实验中选择自己感兴趣的内容进行学习，自主控制实验进度和难度，从而更好地发挥主体作用，提高学习效果。

### （二）真实问题情境创设在初中化学虚拟实验教学中的应用

1. 真实问题情境的引入

在虚拟实验教学中，教师可以引入真实问题情境，帮助学生更好地理解和应用化学知识。例如，在模拟酸雨形成的实验中，教师可以引入现实生活中酸雨对环境和人类的影响等相关问题，让学生了解化学知识在实际生活中的应用和意义，从而更好地掌握化学知识。

2. 虚拟实验与真实场景的结合

在虚拟实验中，学生可以通过模拟真实的化学反应现象和过程，将虚拟实验与真实场景结合起来。例如，在模拟有机物合成的实验中，学生可以了解到有机物的合成需要在一定的温度和压力条件下进行，这些条件的变化会对反应过程和产物产生影响。通过模拟真实场景，学生可以更好地理解有机物的合成过程和原理。

3. 真实数据的引入

在虚拟实验中，教师可以引入真实的数据和图表等信息，帮助学生更好地了解化学反应的实际情况。例如，在模拟污水处理过程的实验中，教师可以引入实际污水处理厂的数据和图表，让学生了解污水处理中化学反应的实际情况和作用，从而更好地掌握相关化学知识。

4. 实际问题的解决

在虚拟实验中，教师可以设置一些实际问题，让学生通过探究和思考解决这些问题。例如，在模拟工业生产的实验中，教师可以设置"如何通过蒸馏分离原油""如何利用质量守恒宪律计算原料的配比"这一类问题，让学生探究解决问题的方法和原理。通过解决实际问题，学生可以更好地应用化学知识，培养解决问题的能力。

### （三）初中化学虚拟实验教学中真实问题情境创设的建议

1. 重视实践应用

教师在虚拟实验教学中应该注重实践应用，将化学知识与实际生活、生产实践等联系起来，帮助学生更好地理解和应用化学知识。例如，在模拟燃烧和灭火实验中，教师可以构设一些实际生活中会遇到的火灾场景，让学生通过模拟灭火等方法掌握相关化学知识。

2. 增加互动性

在虚拟实验教学中，教师应该加强互动性，让学生积极参与虚拟实验的探究和学习。例如，在模拟化学反应的实验中，教师可以设置一些具有互动性的小游戏或问答环节等，让学生积极表达，加强课堂的互动性。

3. 引导学生自主探究

在虚拟实验教学中，教师应该引导学生自主探究，发挥学生的主体作用，从而学习和掌握化学知识。例如，在模拟有机物合成的实验中，教师可以引导学生自主选择不同的合成路径和方法，观察和分析不同条件下产生的不同产物，从而培养学生的探究能力和创新思维。

4. 结合多种教学方法

在虚拟实验教学中，教师应该结合多种教学方法，如讲授、案例分析、小组讨论等，帮助学生更好地理解和应用化学知识。例如，在模拟工业生产的实验中，教师可以结合案例分析和小组讨论等方法，让学生了解不同工业生产的原理和过程，培养学生分析问题和解决问题的能力。

5. 强化虚拟实验与真实实验的结合

虚拟实验虽然具有许多优势，但真实实验仍然是化学教学的重要组成部分。在虚拟实验教学中，教师应该强化虚拟实验与真实实验的结合，让学生通过真实实验感受化学反应的神奇和奥妙。例如，在模拟酸雨形成的实验中，教师可以让学生在真实实验中观察酸雨对植物的影响，从而更好地理解酸雨对环境和人类的影响。

由上可见，初中化学虚拟实验教学是一种利用现代信息技术手段模拟化学实验过程的教学方法。在虚拟实验教学中，真实问题情境的创设具有重要意义。教师应该从重视实践应用、加强互动性、引导学生自主探究、结合多种教学方法、强化虚拟实验与真实实验的结合等方面着手，帮助学生更好地理解和应用化学知识，提高解决问题的能力。通过真实问题情境的创设，初中化学虚拟实验教学可以更好地促进学生的发展和成长。

## 四、信息技术多维推动教学情境创设

随着信息化社会的不断发展，在初中化学教学中，教师需要适应新的教学环境和要求，采用信息技术来提高教学效率。为了实现这一目标，教师可以在教学中采取以下措施：使用相关课件来提出有趣的问题，以此激发学生学习化学的兴趣；结合微课进行教学，将化学知识点生动形象地呈现给学生；利用思维导图展示化学知识之间的联系；结合例题讲述，提高学生解题能力。同时，家长的参与也可以为学生提供必要的帮助和支持，及时巩固学生的学习成果。这些措施可以有效地提高初中化学的教学效率，促进学生化学素养的发展。

### （一）借助相关课件，提出相应问题，激发学生兴趣

在初中化学教学中，教师可以借助相关课件来提出相应的问题，以此激发学生的学习兴趣。课件可以选择与化学知识相关的图片、视频、动画等多样化的素材，将化学知识生动、形象地呈现给学生，从而引导学生主动思考和探究。

例如，在讲述"金属材料"这一节内容时，教师可以先展示一些金属材料的图片和视频，并提问："这些金属材料有哪些共同点和不同点？它们在日常生活中有哪些应用？"学生在看到这些金属材料时会自然而然地产生好奇心和探究欲望，思考它们的性质和用途。此时，教师可以适时地引导学生了解金属材料的物理性质、化学性质及用途等方面的知识，从而使学生对这一知识点有更加深刻的认识和理解。

此外，教师还可以结合其他学科的知识进行跨学科讲授。例如，教师在讲授金属的冶炼时，可以结合地理学科中的环境保护知识，引导学生思考金属冶炼对环境的影响及如何减少污染等方面的问题；在讲述有机化合物时，可以结合生物学中的细胞结构和功能知识，引导学生思考有机物与生物体内细胞代谢

和功能的关系等。这些问题不仅可以激发学生的学习兴趣，还可以拓展学生的知识面和思维深度，提高学生的学习能力。

### （二）结合微课教学，综合相关视频，提高理解能力

随着信息技术的不断发展，微课作为一种新型的教学方式逐渐被广泛应用于初中化学的教学中。通过结合微课教学，教师可以及时了解学生的问题所在并解决相关问题，增强学生的学习信心。

教师应该根据教学内容和学生实际情况来制作微课视频。视频内容应该突出重点和难点，注重知识的系统性和条理性。同时，视频应该具备生动形象、简洁易懂的特点，能够吸引学生的注意力并提高他们的学习兴趣。

例如，在讲述"分子和原子"这一节内容时，由于分子和原子是微观概念，学生没有直观的感知和认识。因此，教师可以制作一个关于分子和原子的微课视频。在视频中，教师可以通过动画演示分子和原子的结构和性质，并使用模型来展示它们是如何结合成物质和影响物质性质等方面的知识。这样生动形象的展示方式可以帮助学生更好地理解分子和原子的概念和性质。

同时，教师还可以结合实际生活中的应用来举例说明分子和原子的存在和作用。例如，教师可以举出香水、花露水等日常生活中常见的例子来说明分子的挥发性；可以举出金属的疲劳等实例来说明原子的微观结构和性质等。教师通过这些具体的应用实例，可以帮助学生更好地理解和记忆分子和原子的性质和应用。

### （三）利用思维导图，展示知识联系，构建知识网络

在相关的化学知识教学过程中，教师利用信息技术构建相应的思维导图，将知识点进行联系，帮助学生构建知识网络。这样能够使学生更加清晰地了解化学知识之间的联系和区别，加深他们的理解和记忆。同时，教师通过思维导图的绘制，还可以培养学生的逻辑思维能力和自主探究能力。

1. 确定中心主题

首先，应确定好思维导图的中心主题，并将其放在中心位置。这个主题应该是整个知识网络的核心概念，能够统领整个思维导图的内容。

2. 确定分支和子主题

其次，应将中心主题进行分解，确定主要的分支和子主题，这些分支和子主题应该与中心主题有直接的关联。

3. 标注关键词和重点

再次，在思维导图中，每个分支和子主题都应该标注出关键词和重点内容，这样可以让学生快速了解每个部分的核心内容。

4. 绘制图形和颜色

最后，为了让学生更好地理解和记忆，思维导图的图形应该尽可能地简洁明了，可以使用不同的颜色来区分不同的分支和子主题。

### （四）结合例题讲述，提高学生解题能力

提高学生的解题能力是化学教学的重要任务之一。为了达到这个目标，教师可以结合信息技术和例题进行讲述，具体可从以下方面进行：

1. 分析题目

教师首先要带领学生分析题目所涉及的化学知识、已知条件和未知条件等。

2. 确定解题思路

根据题目所给的条件和要求，确定解题思路，找出已知条件和未知条件之间的关系。

3. 计算解答

根据解题思路，进行计算解答，注意计算过程的准确性和规范性。

4. 检查答案

最后要检查答案是否符合题意，是否符合化学规律和常识等。

通过以上步骤的反复练习，可以逐步提高学生的解题能力和化学知识运用的能力。同时，教师还可以通过信息技术和网络平台等工具来辅助教学，如利用在线测试、动态演示等方式来帮助学生更好地理解和掌握化学知识。

### （五）家长积极参与，进行线上教育，巩固学生成果

家长积极参与学生的学习过程是提升学习效果的重要因素之一。家长可以通过以下方式进行线上教育，巩固学生的学习成果：

1. 监督学生的学习

家长可以在家庭中监督学生的化学学习情况，及时发现学生遇到的问题并帮助其解决。

2. 提问和回答问题

家长可以与学生进行化学知识的提问和回答，这可以帮助学生更好地理解和记忆化学知识。

### 3. 家庭实验教学

家长可以帮助学生进行家庭实验，通过实验的方式让学生更好地理解化学知识。

### 4. 线上搜索相关知识

家长可以引导学生在线上搜索相关的化学知识，拓展学生的知识面。

## 五、利用信息技术创建真实问题情境的必要性与策略

### （一）必要性

#### 1. 提升学生的学习兴趣和动力

由于山区初中的学生普遍存在学习动力不足，对化学等科学学科缺乏兴趣的情况，教师在进行教学时，需要采取一些措施来激发学生的学习兴趣。教师通过信息技术创建真实问题情境，可以吸引学生的注意力，让他们对化学知识产生兴趣，并激发他们的学习动力。例如，教师可以利用信息技术，将一些化学反应的过程和结果呈现给学生，让学生感受到化学的神奇和实用性，从而增强他们学习化学的意愿。

#### 2. 强化学生的化学理解能力

化学学科的知识点具有很强的理论性和抽象性，对于初中生来说，特别是山区的学生，他们的抽象思维能力和理解能力相对较弱。因此，利用信息技术创建真实问题情境，可以更直观、形象地帮助学生理解和掌握化学知识点。例如，在讲解化学反应的本质时，教师可以利用动画演示的方式，让学生更好地理解化学反应过程中原子之间的相互作用和能量转化。

#### 3. 丰富教学资源和手段

在山区初中，由于地域和经济等方面的限制，化学实验教学条件往往比较差，很多实验无法进行。而信息技术可以弥补这一缺陷。例如，教师利用信息技术可以模拟实验过程，让学生通过观察，了解实验现象和原理；同时，教师还可以利用信息技术搜集丰富的教学资源，如优秀的教案、教学视频等，让学生接触到更多的学习素材。此外，信息技术还可以为教师提供更多的教学方法和手段，帮助他们更好地进行化学教学。

#### 4. 提升教师的化学教学能力和信息技术素养

教师是教学过程中的关键因素。在山区初中，很多教师可能不具备扎实的化学教学能力和信息技术素养。而通过信息技术，教师可以接触到更多的化学

教学理念和方法，提升自己的教学能力；同时，教师还可以学习信息技术的使用方法，如制作课件、使用网络资源等，提高自己的信息技术素养。这样可以帮助教师更好地进行化学教学，提高教学质量。

### （二）策略

**1. 合理利用信息技术手段**

在进行化学教学时，教师需要根据教学内容和学生实际情况，合理利用信息技术手段。例如，在讲解抽象的化学概念和原理时，教师可以利用动画、视频等多媒体资源，帮助学生理解；在讲解具体的化学反应和实验时，教师可以通过图片、模拟实验等，让学生观察和操作。同时，教师还需要注意信息技术的使用不能脱离教学目标和重点，避免形式主义和表面化。

**2. 加强实验教学条件的改善和补充**

尽管信息技术可以模拟实验过程，但这并不能完全替代真实的实验操作。因此，山区初中需要改善和补充实验教学条件。例如，学校可以购买一些实验器材和试剂，让教师能够进行一些基本的实验操作。同时，学校还可以定期组织实验培训和交流活动，提高教师的实验教学能力和实验安全意识。

**3. 重视山区初中化学教师的培训**

为了提升教师的化学教学能力和信息技术素养，山区初中学校需要重视教师的培训。例如，学校可以邀请专业人士开展信息技术和化学教学的培训和讲座，让教师接触到最新的教学理念和方法。同时，学校还可以组织教师进行教学比赛和交流活动，让教师在比赛中提升自己的教学能力。此外，学校还可以鼓励教师进行自主学习。

### 案例七：空气中的氧气含量测定实验

**1. 课标分析**

关于空气中的氧气含量测定实验，新课标要求：通过实验了解空气的组成，认识氧气的重要性质和用途；通过实验探究空气中氧气的含量，掌握科学探究的基本方法。

**2. 教材分析**

空气中的氧气含量测定实验是初中化学中的一个重要实验，该实验在初中化学中占据重要地位。它不仅能让学生了解气体性质、化学反应等化学基础知识，还能够帮助学生理解科学探究的基本方法和思路。

3. 学情分析

在进行该实验之前，学生已经学习了空气的组成、物质的燃烧与灭火的原理等基础知识，掌握了基本的实验操作技能。因此，学生对该实验具有一定的认知基础和操作能力。但是，由于该实验涉及一定的抽象思维和科学探究方法，部分学生可能会感到有一定的难度。

4. 实验教学目的

（1）理解空气中氧气含量的概念及意义；

（2）掌握"燃烧红磷测定氧气含量"的实验原理；

（3）培养学生的观察、操作及思考能力；

（4）培养学生对科学探究的兴趣。

5. 实验器材

燃烧匙、烧杯、红磷、计时器、信息技术设备（如电脑、投影仪等）。

6. 实验步骤

（1）准备实验器材：将所需的实验器材摆放在台面上，并确保器材干净、完好无损；使用信息技术设备展示实验器材和步骤，帮助学生理解和记忆。

（2）连接视频拍摄设备：将视频拍摄设备连接到电脑上，确保设备能够正常录制实验过程；使用信息技术手段进行视频教学，让学生可以反复观看和学习实验操作。

（3）取红磷：用镊子夹取一小段红磷，放置在燃烧匙内备用；使用投影仪将燃烧匙中的红磷投影到屏幕上，确保学生清晰地观察到操作过程。

（4）点燃红磷：点燃酒精灯，用外焰加热红磷，观察红磷燃烧时的现象；通过视频或现场演示，向学生展示点燃红磷的过程和注意事项。

（5）将燃烧匙插入烧杯：将燃烧匙迅速插入烧杯中，让红磷在烧杯中继续燃烧；通过信息技术手段展示烧杯内部的变化过程，让学生观察和理解红磷燃烧的化学反应。

（6）计时：当红磷完全燃烧时，按下计时器，记录燃烧时间；使用计时器进行计时，并通过投影仪展示计时器的读数。

（7）观察实验现象：观察烧杯内水面的变化情况，以及计时器所记录的时间；通过信息技术手段展示烧杯内部的变化过程，让学生清晰地观察到实验现象。

（8）实验结束：熄灭酒精灯，将烧杯移离火焰，观察烧杯内剩余水的变化；通过视频或现场演示，向学生展示熄灭酒精灯的方法和注意事项。

（9）分析实验数据：通过实验数据，计算出空气中氧气含量；使用信息技术手段展示数据分析和计算的过程，让学生理解和掌握实验数据的处理方法。

（10）总结实验结果：根据实验数据，得出空气中氧气含量的结论；通过投影仪将实验结果展示给学生，并进行现场讨论和总结。

7. 学生实验教学过程注意事项

（1）在点燃红磷之前，务必检查火柴梗和酒精灯是否处于安全状态；一旦点燃红磷，要保持现场秩序，避免触碰酒精灯或燃烧匙；使用信息技术手段进行安全教育和注意事项的强调，增强学生的安全意识。

（2）将燃烧匙插入烧杯时，要注意避免将火焰引到烧杯内的水中，以免影响实验结果；通过视频或现场演示，向学生展示正确的操作方法，并强调注意事项。

（3）在实验过程中，学生应该仔细观察和记录实验现象和时间，如有疑问，可以在教师的指导下重做实验或讨论；通过信息技术手段进行实验过程的记录和保存，方便学生回顾和学习。

（4）实验结束后，要保证现场安全，熄灭火源并收拾好实验器材。对于实验结果要进行准确的记录和分析；使用信息技术手段进行实验数据的处理和分析，提高实验结果的可视化和准确性。

8. 实验教学评价设计

（1）学生对实验原理和步骤的了解程度。使用信息技术手段进行实验原理的讲解和步骤的介绍，方便学生进行学习和记忆。

（2）学生实际操作能力以及观察和分析问题的能力。通过信息技术手段记录和展示学生的实际操作过程和观察到的实验现象，方便教师进行评价和指导。

（3）学生课堂表现及参与度。使用信息技术手段进行课堂互动和参与度的统计和评价，鼓励学生积极参与和思考。

（4）学生对于实验数据处理以及总结的能力。使用信息技术手段进行数据处理和总结的展示和分享，方便学生进行学习和交流。

（5）学生对于科学探究的兴趣和积极性。通过信息技术手段进行科学探究的拓展和延伸，激发学生的学习兴趣和积极性。

# 第五节　结合社会热点构建情境

利用社会热点构建初中化学问题情境，可以帮助学生将化学知识运用于现实生活中，提高他们对化学学习的兴趣和动力。例如，最近社会上出现了多起食品安全事件，我们可以利用这一热点构建一个初中化学问题情境：如何检测食品中的有害物质？这一问题情境可以让学生了解化学分析的方法和流程，引导他们思考化学在保障公众健康和社会安全中的作用。教师通过这种情境构建，不仅可以让学生掌握相关的化学知识，还能培养他们的社会责任感和环保意识。

## 一、初中化学教学中常见的社会热点领域

初中化学教学与社会热点事件之间存在密切的联系。教师通过将化学知识与环境保护、能源利用、健康与安全等社会热点事件相结合，可以帮助学生更好地理解化学知识的实际应用和意义，提高他们的学习兴趣和探究精神，同时也能帮助学生树立环保意识、能源意识和健康安全意识。因此，教师在教学中应该注重结合社会热点事件，让学生感受到化学知识的实用性和重要性。

### （一）环境保护与污染治理

初中化学教学中，有很多知识涉及环境保护和污染治理。例如，教师在讲解大气污染时，可以结合雾霾天气的形成和危害进行讲解。这样学生就能深刻理解化学反应过程中产生的废弃物和有害物质如何造成大气污染，以及如何对人类健康和环境产生负面影响。同时，教师也可以引导学生思考如何利用化学知识来减少污染物的排放和降低雾霾天气的发生率。

又如，教师可以结合近年来发生的"水俣病"等事件讲解水污染，让学生了解重金属污染对环境和人类健康的影响，并让学生思考如何利用化学知识来防止和处理重金属污染。

### （二）能源利用与可持续发展

在初中化学教学中，能源利用与可持续发展也是一个重要的主题。例如，教师可以结合太阳能、风能等可再生能源的开发和利用讲解燃料的燃烧和转

化。这样学生就能深刻理解化学反应过程中燃料的转化效率和能源的有效利用对可持续发展的重要性。同时，教师也可以引导学生思考如何利用化学知识来提高燃料的燃烧效率和开发更多的可再生能源。

又如，教师可以结合二氧化碳的固定和利用讲解燃料燃烧产生二氧化碳这一知识点，让学生了解二氧化碳的固定和利用技术对碳中和的意义，并让学生思考如何利用化学知识来减少二氧化碳的排放和促进碳中和的实现。

### （三）健康与安全

初中化学教学中，健康与安全也是一个重要的主题。例如，教师可以结合食品添加剂的安全使用讲解营养物质的摄取和健康。这样学生就能深刻理解食品添加剂的作用和对健康产生的影响。同时，教师也可以引导学生思考如何利用化学知识来提高食品的安全性和营养价值。

又如，教师可以结合食品安全讲解食品中重金属的检测，让学生了解食品中重金属的来源和对健康的危害，并让学生思考如何利用化学知识来预防和控制食品中的重金属污染。同时也可以举例著名的食品安全事件，如三聚氰胺奶粉事件、地沟油事件等，让学生了解到化学知识在食品安全保障中的重要作用。

此外，教师还可以引导学生关注生活中的热点事件，如近年来全球疫情的暴发和防控等。教师可以结合病毒的结构和传播途径进行讲解，让学生了解病毒的化学成分和传播方式等，同时也可以让学生思考如何利用化学知识来预防和控制疾病的传播。

## 二、结合社会热点构建初中化学真实问题情境的必要性

结合社会热点构建初中化学真实问题情境能提高化学教学的实效性，有助于培养学生的化学学习兴趣和科学素养。在实际教学中，教师可以根据教学内容和学生的实际情况，灵活运用多种手段来构建真实问题情境，引导学生积极参与到学习中来。

### （一）真实情境更符合学生的认知规律

学生的认知过程是受他们的生活经验和周围环境影响的。当学生所学的知识与社会热点问题相关时，他们更容易从自己的生活经验中找到切入点，从而

更好地理解和掌握这些知识。以环保和污染治理为例，当我们在教授"物质的变化和性质"这一课题时，可以引导学生了解如何利用化学知识来减少污染、保护环境。通过真实的问题情境，学生不仅能了解物质的性质和变化，还能深入理解这些知识如何用于解决现实生活中的问题。

### （二）真实情境更有利于培养学生的科学素养

科学素养包括科学知识、科学方法、科学态度和科学精神。在真实的问题情境中，学生需要运用所学知识解决现实问题，这个过程不仅需要科学知识，还需要科学的方法和态度。以"金属的腐蚀与防护"为例，当学生接触到生活中的金属腐蚀现象，如铁生锈等，他们不仅需要了解金属腐蚀的原因，还需要找到防止金属腐蚀的方法。在这个过程中，他们需要运用科学的方法进行实验和研究，同时对结果进行科学的分析和解释。通过这种方式，学生的科学素养能够得到全面的提升。

### （三）真实情境能提高学生的探究欲望

真实的问题情境能引发学生的好奇心和探究欲望，促使他们主动参与到学习中来。这种内在的动力能激励学生更深入地学习和探索。以"燃烧和灭火"为例，当学生了解到燃烧的原理和灭火的方法时，他们可能会对现实生活中火灾的预防和灭火方法产生兴趣，进一步探究这些问题的解决方案。这种探究欲望可以促使学生更深入地学习，更主动地探索，从而增强他们的学习能力。

### （四）真实情境能增强学生的社会责任感

学生通过学习化学知识，知道了化学对于社会发展的重要性，同时也了解了化学知识可以解决社会问题。例如，在教授"能源的开发与利用"这一主题时，教师可以引入社会热点问题——能源危机与可再生能源的开发。学生通过学习可再生能源的开发和利用，可以了解到能源的重要性以及能源危机对社会的冲击，从而增强他们的社会责任感和环保意识。

### （五）真实情境有利于促进学生的合作与交流

真实的问题情境往往需要学生以小组的形式进行合作探究。在这个过程中，学生需要学会与他人合作、交流与分享。例如，在教授"食品添加剂"这一主题时，教师可以引导学生分组搜集各种食品标签中的食品添加剂信息，探讨食品添加剂的种类、作用以及对人体健康的影响等。在这个过程中，学生需要分工合作，搜集、整理和分析信息，然后进行讨论和交流。通过这种方式，学生的团队协作能力和信息处理能力得到了锻炼和提升，同时也有利于培养他们的交流和沟通能力。

**案例八：小型沼气池的设计与应用**

随着社会的不断发展，能源问题逐渐成为人们关注的焦点。在环保意识的驱动下，可再生能源的开发和利用已经变得越来越重要。其中，沼气作为一种可燃性气体，由于其环保、高效且可再生的特性，得到了广泛的关注和研究。特别是在山村地区，小型沼气池的应用已经变得非常普及，这不仅有助于解决山区能源问题，还可减轻人畜粪便污染，为环境保护作出贡献。为了让学生了解小型沼气池的作用和应用前景，培养他们的环保意识，初中化学课程教学中教师可以"小型沼气池的设计与应用"为主题进行情境问题教学。

1. 课标分析

根据新课标，学生要了解化石燃料对环境的影响，认识新能源的开发和利用。因此，在设计小型沼气池的实验中，教师应充分考虑新课标的要求，着眼于能源与环境的关系，注重对学生环保意识和能源利用意识的引导。

2. 教材分析

本实验设计取材于人教版初中《化学》教材"燃料及其利用"中化石燃料的综合利用部分。教材涵盖了化石燃料对环境的影响以及新能源的开发和利用等内容。本实验设计以小型沼气池为载体，可以帮助学生了解新能源——沼气的综合利用，并使其理解能源的转化与利用，同时也可以使其树立环保意识。

3. 学情分析

本实验的受众为山区初中生。由于山区环境特殊，学生对沼气这种新能源可能有一定的认识，但是对其原理认知可能相对薄弱。此外，学生对能源转化与利用的知识储备可能相对较少。因此，教师需要通过本实验设计，让学生对新能源有更加直观的认识，并使其掌握基本的能源转化和利用知识。

4. 教学目标

（1）知识与技能：了解沼气的产生、成分及其利用途径；掌握基本的能源转化和利用知识；能够设计出简单的小型沼气池。

（2）过程与方法：通过实验探究小型沼气池的设计和沼气的制备过程；通过小组合作，掌握能源转化和利用的基本方法；通过实践操作，培养学生的实际动手能力。

（3）情感态度与价值观：培养学生对新能源的探究兴趣；使学生树立环保意识和能源利用意识；提高学生的科学素养和团队协作精神。

5. 教学重难点

（1）教学重点：了解和掌握小型沼气池的设计和沼气的制备过程；能够正确使用和维护小型沼气池。

（2）教学难点：理解沼气的产生原理及作用；掌握能源转化和利用的基本方法。

6. 实验设计思路

（1）建筑材料选择：首先需要选择合适的材料来建设沼气池。选择材料前应该对当地的自然条件和资源进行充分的调查和了解。例如，在某些地区，可以利用当地的土壤、石头等材料来建设沼气池。此外，还需要考虑材料的安全性和环保性。

（2）设计规划：在设计沼气池时，设计者需要考虑的因素包括沼气池的容积、结构、进出料口的位置等。这些因素需要根据实际需求和使用条件进行合理规划。例如，沼气池的容积需要根据家庭使用需求以及有机废弃物的供应量来确定。

（3）施工建设：在确定好材料和设计后，施工人员需要按照设计图纸进行施工。施工的过程中需要注意施工安全，同时要确保沼气池的质量和密封性。在施工完成后，检验者需要进行验收并确保沼气池的质量符合标准。

7. 发酵原料选择

在小型沼气池的设计中，发酵原料的选择是至关重要的。

（1）有机废弃物：有机废弃物是小型沼气池的主要原料，通常包括农业废弃物（如秸秆、畜禽粪便等）、生活废弃物（如厨余垃圾等）以及其他来源的有机废弃物。选择有机废弃物时，需要考虑以下三点：

①可获得性：应选择在当地可广泛获得且收集方便的有机废弃物，以确保原料的充足供应。

②稳定性：有机废弃物的稳定性直接影响沼气池的产气效果。稳定性较差的废弃物可能导致发酵过程受阻，降低产气量。因此，应选择稳定性较好的有机废弃物。

③组成成分：有机废弃物的组成成分会影响到沼气池的发酵效果。例如，秸秆等纤维素含量较高的废弃物需要经过预处理才能用于沼气发酵。因此，选择有机废弃物时，需要考虑其成分是否适合沼气发酵。

（2）微生物：微生物是沼气发酵过程中的重要参与者。选择合适的微生物可以促进沼气池的发酵过程，提高产气量。选择微生物时，需要考虑以下三点：

①类型：沼气池中主要有两种类型的微生物——产甲烷菌和产酸菌。产甲烷菌负责将二氧化碳和甲酸转化为甲烷，产酸菌则负责将复杂的有机物分解为简单的有机酸。因此，在选择微生物时，需要确保两种类型的微生物都存在，以保证发酵过程的顺利进行。

②活性：微生物的活性直接影响沼气池的产气效果。因此，需要选择具有较高活性的微生物。

③适应性：微生物生长繁殖对环境条件（如温度、pH 值等）有一定的要求。因此，在选择微生物时，需要考虑其是否能在预期的环境条件下生长和繁殖。

（3）催化剂：催化剂在沼气发酵过程中起到加速反应的作用。常用的催化剂包括无机催化剂（如硫酸、氢氧化钠等）和有机催化剂（如酶）。选择催化剂时，需要考虑以下三点：

①活性：催化剂的活性决定了其加速反应的能力。在选择催化剂时，我们需要选择具有较高活性的催化剂，以加速沼气的发酵过程。

②稳定性：催化剂的稳定性会影响到其使用寿命和成本。稳定性较差的催化剂可能导致频繁更换催化剂，增加成本。因此，在选择催化剂时，我们需要考虑其在使用过程中的稳定性。

③环保性：某些催化剂在使用过程中可能会产生有害物质，对环境造成污染。因此，在选择催化剂时，我们需要选择环保性较好的催化剂以减少对环境的影响。

在选择有机废弃物、微生物和催化剂等材料时，我们需要考虑其可获得性、稳定性、组成成分、活性、适应性和环保性等多方面因素，以确保小型沼气池设计合理、运行稳定且环保效益较高。

8. 实验操作

（1）制备沼气：在建设好沼气池后，需要向其中加入有机废弃物，并加入适量的催化剂和微生物来促进发酵过程。发酵过程中需要注意控制温度和湿度等条件，以获得最佳的发酵效果。

（2）测试成分：为了了解沼气的组成和性质，我们需要进行成分测试。我们可以使用实验仪器来测量沼气中的甲烷、二氧化碳等成分的含量。通过成分测试，我们可以了解沼气的燃烧效果以及其他性质。

9. 教学效果评估

根据实验操作与测试结果评估沼气池的使用效果，具体指标如下：

（1）沼气产量：沼气池的产量是评估其设计和应用效果的重要指标之一。可以通过比较不同材料、不同比例混合物制备的沼气产量来确定最佳的材料和比例。

（2）气体成分：分析沼气中甲烷、二氧化碳等成分的含量可以评估沼气的燃烧效果以及其他性质。例如，甲烷含量高的沼气具有更高的燃烧效率。

（3）原料转化率：计算有机废弃物转化为沼气的比例可以评估沼气池的效率。高转化率意味着更多的有机废弃物被转化为沼气，从而提高了能源的利用效率。

教师通过综合分析以上指标可以得出最佳的小型沼气池设计方案，并让学生了解如何进一步优化设计。此外，教师还可以通过比较不同设计方案和实验数据的差异来培养学生分析和解决问题的能力。

10. 教学反思

本次真实问题情境教学以"小型沼气池的设计与应用"为主题，通过实验操作和成分测试帮助学生了解和掌握沼气池的工作原理、设计方法和应用前景。在实施过程中需要关注以下四个方面：

（1）实验安全：由于涉及有机废弃物的发酵和气体检测等实验操作，需要注意实验安全问题。教师需要在实验前详细讲解安全注意事项，确保学生正确使用实验器材并避免发生意外。

（2）实验指导：由于实验过程中涉及多个步骤和环节，教师需要给予学生充分的实验指导以确保实验操作的正确性和数据的可靠性。例如，教师引导学生了解实验操作步骤、实验数据的记录和分析等，同时针对学生在实验过程中出现的问题应及时给予指导和纠正。

（3）教学内容的拓展：为了让学生更全面地了解小型沼气池的设计与应用，教师可以结合实际案例、图片、视频等多种形式来拓展学生的知识面。例如，教师通过展示不同类型和规模的沼气池图片或视频，让学生了解实际应用中的沼气池结构和设计方法。此外，教师还可以引入其他相关主题，如生物质能、废物资源化等，以加深学生对可持续发展的认识和理解。

（4）教学评估与反馈：在实验结束后，教师需要对学生的实验操作和测试结果进行分析和评估。教师通过总结交流，让学生明确实验的优缺点，并针对不足之处提出改进意见。同时，教师也需要听取学生的反馈意见，以便不断完善和优化教学内容和方法。这种评估与反馈过程不仅有助于提高教学质量，还可以提高学生的学习积极性和参与度。

# 第四章 基于真实问题情境的初中化学教学设计路径

通过创设不同类型的问题情境来优化初中化学教学有以下意义：第一，化学实践问题情境的创设能够引导学生参与化学实验、观察化学现象或解决实际问题，从而加深其对化学知识的理解，培养其实践能力和解决问题的能力。第二，化学思维问题情境的创设有助于激发学生的学习兴趣和探究欲望，教师通过设置具有挑战性的问题、引导学生进行思考和分析，培养学生的思维能力、分析和解决问题的能力。第三，化学语言问题情境的创设能够帮助学生更好地理解和掌握化学语言，增强学生的交流和表达能力。学生通过撰写化学报告、进行化学演讲等，培养自身的语言表达能力和化学学科素养。第四，化学游戏问题情境的创设可以使学生在轻松愉快的氛围中学习化学知识，提高其学习效果。教师通过设计有趣的化学游戏，激发学生的学习兴趣和积极性，培养学生的团队协作能力和创新精神。第五，化学现象问题情境的创设能够帮助学生深入理解化学现象的本质和规律，培养学生的观察能力和探究精神。学生通过观察和分析化学实验现象、解释生活现象中的化学原理等，培养自身的科学素养和创新意识。

## 第一节 化学实践问题情境创设

化学实践问题情境创设是指教师创设一系列与化学知识相关的实践问题或任务，引导学生进入富有挑战性的问题情境中，促使学生运用所学的化学知识解决实际问题。在这种问题情境中，学生会遇到一些需要解决的实际问题或困难，这些问题的解决需要学生具备一定的化学知识和技能，同时还需要学生对问题的背景和相关信息有足够的了解。通过化学实践问题情境的创设，教师可以帮助学生巩固所学的化学知识，提高他们分析和解决问题的能力，同时还能激发他们对化学的兴趣和热情，增强其科学探究的能力和意识。

初中化学实践教学是一种理念和方式，它强调通过实际操作和实际应用来帮助学生更好地理解和掌握化学知识。在这种理念下，学生不再被动地接受知识，而是主动参与实验操作，观察、发现和总结化学现象的规律。通过实践，学生可以深入了解化学现象的本质，提高对化学学科的兴趣和理解能力。初中化学实践教学还注重培养学生的实际应用能力。在这种理念下，学生需要运用所学的化学理论知识解决实际问题。这种应用性的学习可以帮助学生将抽象的概念转化为实际的操作和解决方法，同时也能培养他们解决问题的能力和创新思维能力。

## 一、初中化学实践的特点

初中化学实践教学具有实验性、生活化、探究性、开放性和多元性等特点，这些特点有助于学生巩固化学知识、培养实验技能和科学素养，同时也有助于推进化学教学改革和素质教育的实施。

### （一）实验性

实践教学的主要特点就是实验性。化学实验是化学学科的基础，通过实验，学生可以亲手操作，感受化学反应的现象和过程，从而加深对化学知识的理解。实验性的特点还体现在实践教学对实验技能的培养上。在实践教学中，学生可以学习到规范的实验操作方法，如实验室规则、实验器材的使用、实验操作步骤和实验数据的记录等。此外，实践教学也注重对实验结果的分析和讨论，学生可以通过对实验数据的分析和处理，提高分析和解决问题的能力。

### （二）生活化

初中化学实践教学与生活密切相关。化学知识渗透在我们的日常生活中，实践教学将化学知识与实际生活相结合，让学生更好地理解和应用化学知识。通过实践教学，学生可以了解化学在生活中的应用，如食品添加剂、清洁剂、化妆品等。实践教学还可以引导学生用化学知识解决生活中的问题，如如何避免食物变质，如何避免食物中毒等。这种生活化的教学方式可以增强学生的学习兴趣和动力，提高他们的生活质量。

### （三）探究性

实践教学不仅要求学生掌握化学知识，还要求学生学会探究问题、解决问题的方法。实践教学鼓励学生主动参与、独立思考、合作探究。例如，在学习分子的性质时，学生可以通过观察水、酒精等分子的结构和性质，探究分子的基本性质——同种分子性质相同。这种探究性的教学方式可以培养学生的科学思维能力和创新能力。

### （四）开放性

初中化学实践教学具有开放性。教学内容不仅限于教材和实验室，还可以延伸到课外、校外，甚至家庭中。例如，在学习"燃烧的条件"这一知识点时，除了在实验室进行实验外，还可以引导学生利用生活中的物品进行家庭实验，如用火柴或小纸片进行燃烧实验，观察燃烧现象并记录下来。这样可以充分利用社会资源、家庭资源，让学生在生活中学习化学。

### （五）多元性

初中化学实践教学评价具有多元性。评价内容可以包括实验设计、实验操作、实验数据处理、团队协作、科学态度等多个方面。例如，在评价学生的实验操作时，教师可以从实验操作是否规范、实验步骤是否合理、实验结果是否准确等方面进行考虑。评价形式可以包括小组互评、教师评价、考试等多种形式。例如，可以通过小组互评的方式，让学生互相评价彼此的实验操作和实验结果；可以通过教师评价的方式，对学生的学习成果进行总结和反馈；可以通过考试的方式，检测学生对化学知识的掌握程度和实践能力。评价标准可以因实验类型和难度而异。例如，在进行基础性实验时，主要考查学生的基本实验技能和基础知识；在进行创新性实验时，主要考查学生的创新能力、问题解决能力和团队协作能力。这种多元性的评价方式可以全面了解学生的综合素质和实践能力。

## 二、初中化学实践的价值

初中化学实践不仅能帮助学生理解和记忆化学知识，培养科学思维和实验技能，还能提升他们的学习兴趣和团队合作能力，同时也能培养他们的安全意识。因此，实践是初中化学教育的重要环节，应该得到足够的重视和支持。

### （一）增强理解和记忆

化学是一门理论和实践相结合的学科。实践能让学生有机会亲身参与做化学实验的过程，这能增强他们对化学概念的理解。例如，通过高锰酸钾制氧的实验，学生可以直观地理解化学反应的原理和机制。同时，实践活动还能帮助学生在记忆化学知识时形成更强的联想和记忆，提高记忆效果，加深对理论知识的理解。

### （二）培养科学思维

化学实验是培养科学思维能力的有效途径。学生通过观察实验结果、分析实验数据理解和掌握化学反应的原理和机制。这个过程可以培养学生的科学思维能力和动手解决问题的能力。例如，在电解水实验中，学生可以通过观察电极上和试管内发生的现象，理解水的组成元素以及化学反应的过程。

### （三）提升学习兴趣

实践让学生有机会接触和体验化学的奥妙。当他们看到自己的努力影响了实验结果时，会感到既兴奋又满足，这可以提高他们对化学的兴趣。例如，通过木炭还原氧化铜的实验，学生可以观察到黑色粉末在高温下慢慢变为亮红色的过程，这不仅可以提高学生的学习兴趣，同时也能使他们更深入地理解化学反应的过程。

### （四）培养团队合作能力

化学实验往往需要小组合作。学生们在共同设计实验方案、分工合作进行实验操作、共同分析实验结果的过程中，能够提高自己的团队合作能力。例如，在木炭还原氧化铜的实验中，学生们需要共同操作，一个人负责控制温度，一个人负责添加药品，这不仅能够培养学生的操作能力，也能增强他们的团队合作精神。

### （五）提升实验技能

化学实验需要一定的实验技能。通过实践，学生可以提升这些技能，为未来的科学研究和职业生涯作好准备。例如，在用高锰酸钾制备氧气的实验中，学生需要掌握正确的操作步骤和注意事项，如试管口略向下倾斜、药品平铺在试管的底部等，这不仅能强化学生的实验技能，也能保证实验的安全。

### （六）树立安全意识

在化学实验过程中，学生需要遵守严格的安全规定和操作规程。通过实践，他们可以学会如何在保证自身安全的同时，保护实验设备不受损害。例如，在电解水实验中，学生能了解到在水中加入少量硫酸钠或氢氧化钠可以增强导电性，这不仅能保证实验的成功进行，也能使学生树立安全意识。

**案例九：我是山村酿酒师**

酿酒文化，世界各地都有之，中国的酿酒文化更是源远流长。在山区，人们常常使用土法酿酒，这是他们对自然的独特理解和利用。通过这个学习过程，学生可以更好地理解酿酒的化学原理，也可以了解和欣赏酿酒这一传统工艺的文化价值。

1. 课标分析

新课标指出："化学实验是进行科学探究的重要方式，学生具备基本的化学实验技能是学习化学和进行科学探究活动的基础和保证。"因此，通过"我是山村酿酒师"这一探究活动，学生可以在实践中掌握化学基本知识和技能，提高观察、实验、探究、分析和解决问题的能力，增强对科学探究的兴趣和信心。

2. 教材分析

本探究活动选自人教版《化学》九年级上册中的"乙醇的发酵"实验。该实验属于"身边的化学物质"主题中的内容。通过本探究活动，学生可以了解乙醇发酵的原理和过程，掌握酵母菌在酒精发酵中的重要作用，同时也可以让学生了解酿酒的基本过程和基本原理，进一步理解科学、技术和社会之间的相互关系。

3. 学情分析

本探究活动面向初中学生，学生在进行本探究活动之前已经学习了糖类、蛋白质等基本营养物质的相关知识，对酵母菌的发酵原理和过程有一定的了解，同时也已经掌握了基本的实验操作技能。但是，学生对酿酒的原理和过程可能不太了解，需要通过本探究活动进行深入学习和探讨。

4. 教学目标

（1）知识与技能：了解乙醇发酵的原理和过程；掌握酵母菌在酒精发酵中的作用；了解酿酒的基本过程和基本原理；能够描述实验现象，得出实验结论。

（2）过程与方法：通过实验探究，使学生掌握乙醇发酵的基本方法和原理；通过实验操作，培养学生的观察能力、实验操作能力和探究能力；通过小组合作，培养学生的协作精神和分享交流能力。

（3）情感态度与价值观：通过本探究活动，培养学生的科学探究兴趣和化学素养；帮助学生树立科学意识和科学精神；增强学生的实践能力和创新意识；深化学生对化学与生活、生产和社会关系的认识和理解。

5. 酿酒的化学原理

酿酒的过程实际上是一种生物化学反应，涉及糖类、蛋白质和水等物质的相互转化。糖类主要来自谷物中的淀粉，通过糖化作用转化为可发酵的糖。蛋白质则来自谷物中的蛋白质和氨基酸，在酵母的作用下被分解成氨和二氧化碳。水在这个过程中起到了关键的作用，它参与了所有的反应，并帮助维持了反应所需的温度和湿度。

6. 情境问题设置

在这个部分，教师可以设置一系列问题，引导学生去思考和理解酿酒的过程。例如：

（1）酿酒需要哪些必要的条件？如何控制这些条件以得到最好的结果？

（2）在酿酒过程中，糖类、蛋白质和水各自的角色是什么？

（3）如果在酿酒过程中这些成分的比例失衡，会对结果产生什么影响？

这些问题可以引导学生深入理解和思考酿酒的化学过程。

7. 探究实验的设计和步骤

在这个部分，学生将通过实践来验证他们的理论理解。他们需要设计和进行一个实验，包括以下步骤：

（1）准备实验材料：谷物、酵母、水、糖、蛋白质溶液等。在这个阶段，学生需要了解各种材料的性质和作用，如酵母是酿酒过程中的关键元素，它通过发酵将糖转化为酒精。

（2）设计实验方案：将谷物浸泡、糖化，加入酵母进行发酵，定期记录反应情况。这个过程中，学生需要设计一个详细的实验计划，包括如何控制温度、湿度和时间等变量。

（3）实施实验步骤：学生将按照他们的实验计划开始操作。这个过程中，他们需要细心观察并记录反应情况，如记录发酵过程中产生的气体、液体颜色和味道的变化等。

8. 教学中需要注意的问题

（1）控制实验条件：在实验过程中，需要严格控制各种条件，如温度、湿度和时间等，以得到最好的结果。这需要学生有一定的实验技能和对环境的敏感度。教师可以预先进行一些演示和练习，帮助学生掌握正确的操作方法。

（2）选择合适的发酵时间：发酵时间过长或过短都可能对结果产生影响。这个判断需要学生对发酵过程有深入的理解和细心的观察。教师可以引导学生通过观察实验现象来判断发酵时间是否合适。

（3）判断各成分比例：需要对发酵液进行细致的分析化验，确定各成分的比例。这是教学中的一个难点，教师可以通过示范和指导，帮助学生学会如何进行化验和分析数据。

9. 教学反思

每次教学活动结束后，教师都需要进行反思和总结。在这个过程中，教师需要考虑以下问题：

（1）学生对酿酒的化学原理是否理解深入？他们能否将这个原理应用于实践？

（2）实验过程中，学生的操作技能是否得到了提高？他们能否独立进行实验？

（3）学生对实验数据的分析和处理能力如何？他们能否从中得出正确的结论？

（4）学生对酿酒的文化背景是否有更深的理解？他们能否在学习中感受到酿酒的文化价值？

通过反思和总结，教师可以更好地了解学生的学习情况，并对自己的教学方法进行改进，以达到更好的教学效果。

10. 深度拓展

（1）拓展问题：山区都有哪些材料可以用来酿酒？山区是否具备发展特色酿酒产业的条件？如果有，请设计实验方案和产业发展思路。

（2）学生探索：山区具备发展特色酿酒产业的条件，因为山区拥有丰富的农产品资源和独特的自然环境，这些资源可以用来开发特色酿酒产业。

①设计实验方案：首先，准备实验材料。在山区，可以使用的酿酒材料非常丰富。山区往往有丰富的农产品，包括各类粮食作物，如稻谷、玉米、小麦等，这些都可以作为酿酒的主要原料。此外，山区也有各种水果，如葡萄、柿子、猕猴桃等，这些水果可以用来制作果酒。还有一些蔬菜，如南瓜、番茄、胡萝卜等也可以作为酿酒的原料。另外，一些当地的野生植物和草药也可以用于酿酒。

其次，设计实验方案。酿酒的过程中有一系列复杂的生物化学反应，包括糖化作用和酵母发酵两个主要步骤。在实验方案中，我们需要通过调整原料的比例、糖化作用的时间和温度、酵母种类和发酵时间等参数，来找到最适合当地自然条件的酿酒工艺。通过这种实验方案，我们可以找出最适合山区的酿酒材料和工艺。

再次，实施实验步骤。在酿酒过程中，需要将原料进行浸泡、蒸煮，以利于糖化作用发生；然后加入适量的酵母，开始发酵。在这个过程中，需要控制发酵的时间、温度和湿度等参数，定时记录发酵的情况，包括气泡的产生、酒精度的变化等。

最后，结果分析和总结。根据实验的结果，我们可以分析出不同材料对酿酒的影响。例如，哪种粮食作物最适合作为酿酒的主要原料？哪种水果可以酿出富有风味的果酒？哪种野生植物或草药可以作为酿酒的特殊添加物？通过分析和总结，我们可以找出最适合山区的酿酒材料和工艺。

②产业发展思路：第一，深入挖掘当地农产品资源。发展特色酿酒产业需要深入挖掘当地的农产品资源。在山区，有很多有特色的农产品资源，包括有机稻谷、绿色蔬菜等。我们可以利用这些特色资源，开发出具有山区特色的酿酒产品。

第二，结合当地的自然环境和气候条件。不同地区的自然环境和气候条件对酿酒有很大的影响。在山区，气候条件相对较为复杂，需要根据当地的气候条件来选择合适的酿酒工艺和材料。例如，若山区的气候较冷，则要选择能够抵抗寒冷气候的酵母种类来发酵。

第三，探索适合酿酒的工艺流程和生产技术，打造特色品牌。在发展特色酿酒产业的过程中，需要探索适合山区的酿酒工艺流程和生产技术，这需要结合山区的自然环境和资源特点进行。同时，我们也需要注重品牌建设，将山区的特色和品牌的形象紧密结合在一起，打造出具有鲜明特色的酿酒品牌。

第四，充分利用当地的旅游资源。山区拥有丰富的旅游资源，可以与酿酒产业相结合，形成特色旅游产业。例如，我们可以开设酿酒体验活动、品酒文化之旅等活动，吸引游客参与体验。这不仅可以增加产业的附加值，也可以提高品牌的知名度和影响力。

第五，加强与外界的合作与交流。发展特色酿酒产业需要不断引进先进的酿酒技术和设备，加强与外界的合作与交流。我们可以与一些知名的酿酒企业进行合作，引进它们的技术和设备，提高生产效率和产品质量。同时，我们也可以参加一些国际性的展览和会议，展示自己的产品和技术实力，增强品牌的影响力。

由此可见，山区具备发展特色酿酒产业的条件。只要充分利用当地的资源优势和自然环境，加强技术创新和市场开拓，就可以打造出具有特色的酿酒产业。这将有助于推动地方经济的发展，提高农产品的附加值和市场竞争力，同时也能够促进产业升级和转型。

# 第二节　化学思维问题情境创设

化学思维问题情境创设更注重培养学生的化学思维能力和思考方式，通过设置一些具有思考性和挑战性的问题情境，引导学生运用化学思维方法和化学知识解决问题，从而提高学生的化学思维能力和化学素养。

## 一、化学思维的重要性与培养路径

化学思维的培养是提高学生化学素养的关键，也是培养学生创新能力和科学精神的重要途径。教师应该注重引导学生掌握科学的思维方法，提高学生的分析概括能力，帮助学生建立知识结构体系，并挖掘知识点之间的内在联系和对立统一关系，使学生形成"多则择优，优则达快"的思维方式。

### （一）化学思维的重要性

化学思维在初中生学习化学的过程中起着至关重要的作用。

首先，化学思维能够深化学生对化学知识的理解，避免机械记忆，提高理解的深度和广度。例如，学生可以通过理解化学反应的原理和过程，更好地理解物质的性质和变化，从而更深入地理解化学知识。

其次，化学思维能够培养学生的科学精神和创新意识。当学生面对化学问题时，他们可以通过科学的态度分析和解决这些问题。例如，当学生在实验中遇到问题时，他们可以通过观察和分析实验数据，找到问题的答案。这样可以帮助学生形成勇于探究的科学精神和创新意识，为他们未来的学习和工作打下坚实的基础。

最后，化学思维能够帮助学生提高解决问题的能力。通过培养化学思维，学生可以更好地掌握科学的方法论，提高分析和解决问题的能力。例如，当学生遇到复杂的化学问题时，他们可以通过思考和分析，找到问题的关键，提出有效的解决方案。这样可以帮助学生在未来的学习和工作中更好地解决各种问题。

### （二）初中化学思维的培养策略

要培养化学思维，首先需要强化基础知识，奠定思维基础。例如，学生需要掌握基本的化学概念、原理、性质和变化等基础知识，这样才能为后续的思维活动打下坚实的基础。教师可以采用多种方法来引导学生掌握这些基础知识，如通过实验、演示、归纳等方式。

其次，通过化学实验可以培养学生的观察和分析能力。化学实验是培养化学思维的有效途径。在实验中，学生可以通过观察了解化学现象，再通过思考和分析得出结论。例如，教师可以设计一些探究性实验，引导学生观察和分析化学现象，提出自己的假设并运用实验进行验证。这样可以培养学生的观察和分析能力，同时也能锻炼学生的实验技能和科学素养。

再次，引入生活实例可以增强化学思维的应用性。化学与生活密切相关，教师可以引入生活中的实例来帮助学生理解化学知识。例如，教师在教授"氧化还原反应"这一知识点时，可以解释为什么铁会生锈；在教授"分子间作用力"这一知识点时，可以解释为什么水会结冰等。教师通过这些实例增强学生对化学知识的理解和应用，同时激发他们对化学的兴趣。

最后，运用逻辑思维和推理可以提升学生的化学思维水平。逻辑思维和推理是培养化学思维的重要组成部分。教师可以引导学生通过比较、分类、归纳和演绎等方法进行逻辑思考。同时，教师还可以设计一些有挑战性的问题，引导学生进行深入的思考和推理，提升他们的化学思维水平。例如，教师可以给出一些不同难度的题目让学生们思考和解答，这样能够帮助学生更好地运用逻辑思维和推理，提升他们的化学思维水平。

## 二、初中化学思维类型

定向思维、发散思维和守恒思维是初中化学学习中需要重点培养的思维方式。掌握了这些思维方式，可以更好地理解和掌握化学知识，提高学习效率。同时，这些思维方式也是科学探究和创新过程中必不可少的要素，有助于培养学生的科学素养和实践能力。

### （一）定向思维

定向思维是指根据所学知识，将问题归类并找到相应的解决方法。在化学学科中，定向思维主要用于解决实际问题。例如，在解答化学题时，可以根据题目中给出的信息和所学的化学知识，确定题目的所属类型，如计算题、实验题等，然后根据不同类型的题目选择不同的解题方法。

　　此外，在化学实验中，定向思维也十分重要。学生需要根据实验目的和要求，选择合适的实验器材和药品，确定实验方案和步骤，并按照正确的操作方法进行实验。通过实验，学生可以更深入地理解化学反应的本质和规律，培养科学思维。

### （二）发散思维

　　发散思维是指针对一个问题从多个角度、多个方向思考，寻找多种解决方法。在化学学科中，发散思维主要用于探究化学反应的多样性和灵活性。例如，一个化学反应可以有多种反应条件或反应方式，学生可以从不同的角度思考和探究这些反应的本质和规律。

　　此外，在解决化学问题时，发散思维也十分重要。学生可以从多个角度思考问题的解决方法，如从化学反应的原理、条件、产物等方面进行思考和分析。通过这种方式，学生可以更全面地掌握化学知识，提高解决问题的能力。

### （三）守恒思维

　　守恒思维是指在解决化学问题时，从质量守恒、能量守恒等基本规律出发，进行思考。在化学学科中，守恒思维主要用于化学计算和推断题。例如，在化学计算中，学生利用质量守恒可以迅速计算出反应前后的质量变化；在推断题中，学生利用原子守恒可以迅速推断出未知物的分子式和结构式。

　　此外，在解决其他化学问题时，守恒思维也十分重要。学生可以从守恒的角度思考问题，寻找解决问题的方法。例如，在探究化学反应的本质和规律时，学生可以利用原子守恒、电荷守恒等基本规律进行分析和推断；在解决环境问题时，学生可以利用元素守恒等基本规律分析污染物的来源和去向。通过这种方式，学生可以更深入地理解化学知识，提高解决问题的能力。

## 三、化学思维与真实问题情境教学

　　化学思维培养和真实问题情境教学是相辅相成的关系。化学思维的培养可以为真实问题情境教学的实施提供更好的环境和基础，而真实问题情境教学则可以为化学思维的培养提供更加实际、真实的平台和实践机会。

### （一）化学思维培养和真实问题情境教学的关系

　　化学思维培养和真实问题情境教学之间有着密切的关系。化学思维的培养有助于学生在实际情境中运用化学知识解决问题，同时还可以促使学生更好地理解和掌握化学知识。而真实问题情境教学则可以为学生提供更加真实、实际的问题和情境，有助于学生更好地理解化学知识的实际应用，也有助于激发学生的学习兴趣和探究精神。

化学思维的培养还可以促进真实问题情境教学的实施。例如，在引入生活实例时，教师可以引导学生运用化学知识来解释这些实例中的现象和规律，从而使其更好地理解化学知识在生活中的应用。同时，教师还可以通过设计一些彼此关联的、富有启发性的问题来引导学生思考和探究，从而更好地激发学生的学习兴趣和探究精神。

### （二）　山区中学基于化学思维构设问题教学情境的必要性

山区中学基于化学思维构设问题教学情境是十分必要的，它不仅可以提高学生的学习效果，培养他们的学习兴趣和创新思维能力，同时也对山区中学教师提出了挑战和机遇，推动他们不断改进教学方法和手段，提高教学质量。

首先，山区中学的学生往往面临着学习资源相对匮乏、接触实际应用场景较少的困境，这使得他们对于抽象的化学知识难以有直观、深刻的理解。教师通过构建化学思维与问题情境，能够将抽象的化学知识与实际生活、生产中的问题联系起来，帮助学生理解化学知识在生活中的实际应用，激发他们的学习兴趣。

由于山区中学地理位置偏远、教育资源相对匮乏，学生往往难以接触到各种新鲜的知识和信息，尤其是与日常生活息息相关的科学知识。在这种情况下，山区中学的教师需要想方设法将这些抽象的化学知识与现实生活中的问题联系起来，创建问题情境，帮助学生理解化学知识在生活中的实际应用。通过这种方式，学生不仅能够理解和掌握化学知识，而且还能意识到这些知识在生活中的重要作用，从而激发他们的学习兴趣和动力。

其次，化学思维的培养和问题情境的创建有助于学生更好地理解和掌握化学知识。通过问题情境的引导，学生可以在解决问题的过程中理解和掌握化学知识，提高他们的学习效果。在山区中学，由于教学资源的匮乏和学生的学习能力相对较弱，传统的"填鸭式"教学方法往往难以取得良好的教学效果。因此，教师需要采用更加灵活、生动的教学方式来帮助学生理解和掌握化学知识。

例如，在进行"走进化学世界"这一部分的教学时，教师可以利用山区学生日常生活中常见的物品，如石头、水等，引导学生观察和分析这些物品的构成成分，从而让他们理解物质的构成原理和相关知识。此外，教师还可以通过实验的方式引导学生探究化学物质的性质和变化规律，让他们在解决问题的过程中理解和掌握化学知识。

再次，问题情境的创建还有助于培养山区学生的问题解决能力和创新思维能力。在问题情境中，学生需要运用化学知识来解决实际问题，这不仅有助于提高他们的问题解决能力，还能够培养他们的创新思维能力。山区中学的学生往往面临着各种生活中的实际问题。因此，教师可以通过创建问题情境的方式，引导学生运用化学知识来解决这些问题。例如，在进行"环境保护"这一主题的教学时，教师可以引入山区环境中存在的实际问题，如水源污染、水土流失等，让学生运用所学的化学知识来分析这些问题的成因和解决方案。通过这种方式，学生不仅能够理解和掌握化学知识，而且还能培养他们的问题解决能力和创新思维能力。

最后，基于化学思维创建问题情境是对山区中学教师的一种挑战和机遇。教师需要具备较高的教学能力和化学素养才能有效地创建问题情境并引导学生进行学习。这需要教师具备扎实的化学专业知识、较强的教学能力和良好的实验技能。此外，教师还需要不断探索新的教学方法和手段，提高自己的教学水平。

例如，在进行"有机化学"这一部分的教学时，教师可以引入山区中学生日常生活中常见的有机化合物，如淀粉、蛋白质等，引导学生观察和分析这些有机化合物的结构和性质，从而让他们理解有机化合物的特点和相关概念。此外，教师还可以通过实验的方式引导学生探究有机化合物的合成和分解过程。

## 四、真实问题情境促进学生想象力与联想力发展

初中化学真实问题情境可以有效地促进学生想象力和联想力的发展。想象力和联想力是化学思维的重要组成部分，因为化学是一门需要想象力和联想力来理解物质性质、组成、结构和变化的学科。教师通过真实问题情境的创设，可以帮助学生将所学知识与实际问题联系起来，激发他们的想象力和联想力。

### (一) 探索物质的组成和结构

在化学中，物质的组成和结构是影响其性质和变化的关键因素。教师可以为学生提供一些真实的问题情境，例如探究细胞中水的存在形式、分析火山喷

发后气体的组成等，让学生通过观察、分析和思考，理解物质的组成和结构对其性质的影响。

实例一：在讲授"水的组成"这一知识点时，教师可以让学生了解到科学家是如何通过实验研究水的组成的，包括水电解实验和氢气在氧气中燃烧实验等。

实例二：在教学"原子结构"这一知识点时，教师可以介绍科学家们如何根据原子结构理论推导出元素周期表，并利用元素周期表来预测新元素的性质。

上述案例可以让学生了解到科学家们的想象力和联想力是如何在化学研究中发挥作用的，同时也可以帮助学生理解物质的组成和结构对其性质的影响。

### （二）理解化学反应和能量转化

化学反应是化学中的重要概念，通过反应可以了解物质的变化和能量的转化。教师可以为学生设置一些实际问题情境，例如燃料的燃烧和利用、工业生产中的化学反应等，让学生通过分析和思考，理解化学反应和能量转化的关系。

实例一：学习"燃烧和灭火"时，教师可以引导学生思考并说出不同物质燃烧时所需要的不同条件和燃烧后的产物。

实例二：学习"酸和碱"时，部分酸碱化学反应会释放出一些热量，说明在化学反应过程中存在能量变化。

上述案例可以帮助学生理解能量与化学反应的关系，同时也可以让学生了解到化学反应在实际应用中的重要性。

### （三）认识环境保护和化学物质的安全问题

环境保护和化学物质的安全问题与我们的生活密切相关。教师可以引导学生通过查找和分析一些真实的案例，例如化学物质污染、有害物质对人体的影响等，让学生认识到化学物质对环境和人类健康的影响，同时培养学生的环保意识和安全意识。

实例一：在学习"空气污染"时，教师可以介绍一些当地的空气污染案例，并让学生分析这些污染案例产生的原因和对人类健康的影响。

实例二：在学习"食品添加剂"时，教师可以介绍一些食品中含有的添加剂，并让学生了解这些添加剂对人体健康的影响。

上述案例可以让学生认识到化学物质对环境和人类健康的影响，同时也可以培养学生的环保意识和安全意识。

### (四) 探索化学实验和科学探究方法

化学实验和科学探究方法是化学学科中的重要技能。教师可以为学生提供一些真实的实验问题情境，例如探究食品中的营养成分、研究不同洗涤剂的洗涤效果等，让学生通过自主设计和完成实验，掌握科学探究的方法和技巧。

实例一：在学习"氧气制取"时，教师可以引导学生自主设计氧气制取的实验方案，并让学生通过实验探究不同方案制取氧气的效果。

实例二：在学习"酸碱中和反应"时，教师可以让学生自主设计实验探究不同条件对酸碱中和化学反应的影响。

上述案例可以让学生通过自主设计和完成实验，掌握科学探究的方法和技巧，同时也可以培养学生的实验能力和创新意识。

通过这些真实问题情境的创设，教师可以引导学生将所学知识与实际问题联系起来，激发他们的想象力和联想力。同时，学生也可以更好地理解和掌握化学学科的知识点，提高学习兴趣，并提升学习效果。

## 五、利用思维导图促进初中化学情境教学

在培育核心素养的教学背景下，教育界开始注重学生各科目的全面发展。化学科目虽然在九年级才出现，但它的学习对学生的发展同样具有重要意义。因此，初中化学老师在课堂教学过程中，需要充分了解学生的实际情况，并结合学生的学习特点展开课堂教学。与传统的教学方法不同，思维导图教学注重将学生的学习内容按照层次进行划分和表示。这种教学方式可以为学生提供一种框架思维，帮助他们更好地理解学习内容，并搭建知识系统。化学教学借助思维导图，可以把一些化学知识点结合起来，表现出内容的层次感，有利于学生形成大脑学习思维，并且可以提高学生的知识记忆以及理解能力。为了有效地提高学生的学习效果，教师应该根据学生的化学学习情况，结合思维导图的方式进行教学。教师通过思维导图辅助教学，可以更好地指导学生掌握和理解化学知识，进而提升学生的学习兴趣和学习动力。

### (一) 初中化学教学中思维导图的作用

1. 帮助学生对知识进行快速掌握

化学知识往往复杂且细节繁多，如何有效地掌握并熟练运用这些知识成为

学生学习的一大挑战。而思维导图通过其结构化的特性，能帮助学生将零散的化学知识进行整合，形成一张相互关联的知识网络。这样，学生在理解和记忆化学知识时，就可以从全局的角度去把握，而不是单独地记忆每一个知识点。例如，当学生在学习某个化学反应时，可以利用思维导图将该反应的各个要素如反应物、生成物、反应条件等联系起来，形成一张完整的知识网络，从而更轻松地理解和记忆。

此外，思维导图还可以通过引导学生掌握正确的学习方法和思维方式，提高他们的学习效率。例如，思维导图的制作过程需要学生对所学知识进行深度思考和整理，这不仅可以加深他们对知识的理解，还可以培养他们主动学习和深度思考的习惯。

2. 帮助学生构建知识系统

化学知识的特点是既复杂又分散，因此，学生需要有一个完整的知识系统才能更好地理解和掌握化学知识。而思维导图可以帮助学生在学习过程中逐步建立起自己的知识系统。通过将各种化学知识点进行有效的整合和分类，思维导图可以形成清晰、完整的知识结构。这样，学生就可以更加清晰地理解化学知识之间的联系和区别。例如，在学习元素周期表时，思维导图可以将各个元素按照原子序数进行排列，并标明其原子结构、性质等，学生便可以清晰地看出元素之间的联系和区别。

同时，思维导图的这种结构化特性还可以帮助学生更好地掌握化学知识的整体框架，从而更好地理解和掌握各个知识点。这将使学生更加清晰地理解化学知识，提高他们的学习效果。

3. 帮助学生逐渐养成发散思维

发散思维是化学学习中非常重要的一种思维方式，它可以帮助学生从多个角度去思考问题，从而发现问题的本质和解决方法。思维导图通过开放式的结构引导学生进行思维发散。在制作思维导图的过程中，学生需要将各个知识点进行联想和关联，思考它们之间的联系和规律。例如，当学生在学习某种物质的性质时，他们可以联想这种物质在生活中的应用，或者这种物质与其他物质反应可能产生的现象等。这种联想和关联的过程不仅可以帮助学生更好地理解和掌握化学知识，还可以培养他们的发散思维。通过不断的联想和关联，学生可以逐渐养成从多个角度思考问题的习惯，这不仅可以提高他们的化学学习效果，还可以培养他们的创新能力。

### （二）初中化学教学中利用思维导图推动教学创新

1. 提升课前预习效率，实现课前导入目的

将思维导图应用到课前预习阶段，能让学生在较短的时间内掌握本课、本章的重点知识点，有利于为学生预留出更多的学习时间，也能提高课堂的教学效率。教师可要求学生在预习过程中完成思维导图的制作，根据图示中的关键词、内容快速地找到学习重点，有利于培养学生的自主学习习惯，并在过程中理清旧知识点与新知识点之间的联系。

例如"几种重要的盐"的预习教学中，教师可先让学生观看微课内容，初步掌握有关于本课的重点知识点。之后，教师可以利用思维导图，要求学生根据图示中的关键词进行预习。预习中，学生发现教师仅给出了碳酸钠、碳酸钙、氯化钠三种物质，没有关于这三个知识点的详细讲解。在完善碳酸钠这一思维导图的过程中，学生发现该物质就是常见的大苏打，化合物是碱性的，且在溶液中可与酸性溶液、某些碱性溶液及盐溶液反应，同时该物质也是肥皂的主要成分……学生通过汇总本课的知识点，同时在有效的预习中不断发现关于这一知识点所涉及的内容，培养了探究思维能力，也能在探究过程中发现问题并记录问题，方便在课堂中及时进行提问。

2. 强化课中授课效率，激发学生探究思维

将思维导图应用至授课过程中，不仅能呈现出更为清晰的知识点体系及框架，还能让学生在课堂中积极地进行思考，分析各个知识点所涉及的化学内容，进而让学生在课堂中高效地获取知识，明确知识点的运用价值。

例如"金属的性质和利用"的课堂教学中，首先，教师要求学生画出化学元素周期表前 20 号元素，然后提出"金属的活动性顺序跟哪些因素有关"的问题。此时教师要求学生以小组的形式进行探究，同时在探究过程中发表其对这一知识点的见解，要求一位学生采用思维导图的形式罗列出小组中各成员对这一知识点的理解。其次，教师要求学生分别讲出 Mg、Al、Fe、Cu 等元素的物理性质及化学性质，同时将这些元素作为思维导图的关键词进行扩充。这时，教师及时提出金属活动性顺序表，要求学生分析金属活动性顺序中 H 元素之前的元素之间的活动性关系与 H 元素之后的元素之间的活动性关系，同时将这一知识点总结至思维导图中。学生们通过讨论发现，表中的左侧金属的活动性始终大于右侧金属的活动性，并且 H 元素后的金属元素不可置换出酸液中的 H 离子（浓 $H_2SO_4$ 和 $HNO_3$ 除外）。教师通过思维导图呈现这一知识点

的内容，帮助学生清晰地认识到有关金属的物理性质及化学性质，可以加深学生对本课的印象。最后，教师需要对本课知识点进行总结。

### （三）基于思维导图构建问题教学情境

基于思维导图构建问题教学情境是一种创新的教学方法，它能够帮助学生更好地理解化学知识、提高问题解决能力和培养创新思维。在实施过程中，教师需要注重问题的设计、思维导图的制作和呈现、学生的参与和探究以及评价和总结等方面，以便达到预期的教学效果。

1. 设计问题

在基于思维导图构建问题教学情境的过程中，设计问题是首要环节。问题的设计需要充分考虑初中化学的教学目标和学生的实际情况，同时要具有一定的启发性和引导性，能够激发学生的学习兴趣和探究欲望。

（1）充分考虑学生的认知能力：在设计问题时，要考虑到学生的认知能力和学习水平，问题应当符合学生的实际需求，太难或太简单的问题都可能影响学生的学习效果。

（2）结合教学内容和重难点：问题应当与教学内容紧密相关，并且要突出教学重难点，让学生能够明确学习目标，提高学习效率。

（3）具有启发性和引导性：好的问题应当能够引发学生的思考，帮助学生发现和解决问题，而不是简单地回答"是"或"不是"。同时，问题还要具有一定的引导性，能够引导学生深入探究，拓展思维。

（4）考虑思维导图的层次性：在思维导图中，问题可以作为中心主题，而子主题可以围绕问题展开。因此，设计问题时要考虑思维导图的层次性，以便学生在解决问题时能够逐步深入思考。

2. 制作思维导图

制作思维导图是构建问题教学情境的第二个环节。

（1）确定中心主题：在制作思维导图时，首先要确定中心主题，即问题的关键词。中心主题应当与问题紧密相关，能够统领整个思维导图。

（2）确定子主题：围绕中心主题，可以列出一些子主题，这些子主题应当是与问题相关的知识点、化学实验、化学现象等。子主题应当是问题的具体内容，帮助学生理解问题背景和相关知识。

（3）层次分明：思维导图的层次应当分明，每个子主题都应当围绕中心主题展开。同时，每个子主题下面还可以列出更小的子主题，形成一个层次分明的知识结构。

（4）简洁明了：思维导图的制作应当简洁明了，不要过于复杂。每个节点都应当有明确的含义，以便学生理解。

3. 呈现问题

呈现问题是构建问题教学情境的第三个环节。

（1）清晰明了：呈现问题时，要保证问题清晰明了，不要使用过于复杂的术语或化学式，以便学生理解。

（2）呈现思维导图：在呈现问题的同时，还要呈现制作的思维导图。这样可以让学生更加清晰地了解问题的背景和相关知识，有助于学生解决问题。

（3）引导学生思考：在呈现问题的过程中，要积极引导学生思考，让学生对问题进行自主探究，可以提出一些具有引导性的问题，让学生思考问题的本质和解决方法。

4. 解决问题

解决问题是构建问题教学情境的第四个环节。

（1）自主探究：学生应当通过自主探究的方式解决问题。学生可以参考教师提供的思维导图，从中获取相关的信息和知识，结合课本和资料进行思考分析，寻找解决问题的方法。

（2）小组讨论：学生可以组成小组进行讨论。在小组讨论中，每个小组成员都可以发表自己的看法和解决问题的方法，通过互相交流和学习，最终得出一个或多个解决问题的方法。

（3）教师指导：在自主探究和小组讨论的过程中，当学生遇到困难或无法解决的问题时，教师可以给予必要的指导和启发，但注意不要代替学生解决问题，否则会限制学生的思维和发展。

5. 总结评价

总结评价是构建问题教学情境的最后一个环节。

（1）评价内容：评价内容包括学生对问题的理解程度、解决问题的过程以及思维导图的制作和应用情况等。要对每个方面进行全面的评价和总结。

（2）肯定与鼓励：在评价过程中，要肯定学生的努力和成绩，鼓励学生继续发挥优点和进步。对于表现优秀的学生或小组，可以给予适当的奖励和激励。

（3）引导学生反思：除了对表现优秀的方面进行肯定之外，还要引导学生反思自己在解决问题过程中的不足之处以及需要改进的地方。学生通过反思自己的学习过程和方法，可提高学习效果和思维能力。

（4）总结知识点：在评价过程中，要总结解决问题的知识点和方法技巧。

这样可以帮助学生巩固所学的化学知识和学习技巧，同时也可以提高他们的学习效果和思维能力。

　　总之，基于思维导图构建问题教学情境是一种创新的教学方法，它能够帮助学生更好地理解化学知识、提高问题解决能力和培养创新思维。设计问题、制作思维导图、呈现问题、解决问题以及总结评价等环节的实践与应用，可以有效地提高学生的学习效果和思维能力，为学生的全面发展奠定基础。

### 案例十：基于思维导图方式构建"元素周期表"问题情境教学

　　元素周期表是科学史上的一项伟大发现，它是由俄国化学家门捷列夫在1869年首次提出的，当时他根据已经知道的63种元素，按照相对原子质量的大小以表的形式排列，把有相似化学性质的元素放在同一列，这就成了元素周期表的雏形。经过多年的修订和完善，才形成了今天我们所熟知的元素周期表。元素周期表是揭示物质世界秘密的重要工具，它把看似不相关的元素统一起来，组成了一个完整的自然体系。这个体系的发明是近代化学发展史上的一个创举，对促进化学的发展起到了巨大的作用。在元素周期表中，元素是按照原子序数大小排列的，最小的排行最前。表中的每一行为一个周期，每一列为一个族。在原子半径方面，同一周期从左到右是依次减小的，而同一族自上到下则是依次增大的。无论是化学教科书还是字典，都会附有一张元素周期表。它对于理解化学元素的性质、相对原子质量、能量和化学反应等都有着不可替代的作用。同时，它也是化学研究的基础工具，帮助科学家们更好地理解和探索物质世界的奥秘。总的来说，元素周期表是化学学科中不可或缺的一部分，它以直观和系统的形式展示了化学元素的性质和关系，是推动化学科学发展的重要工具。

　　1. 课标分析

　　初中化学课程标准要求学生了解元素周期表的结构和特点，掌握元素之间的规律和联系，并能够运用元素周期表解决化学问题。此外，课程标准还注重培养学生的科学素养和价值观，鼓励学生通过科学探究和实践活动获得知识和技能，培养学生的探究能力和创新意识。

　　2. 教材分析

　　初中化学教材中，元素周期表是一个重要的知识点。教材呈现了元素周期表的基本结构，包括周期、族等，并介绍了一些常用的元素周期表的特点和应用。此外，教材还通过一些探究活动和例题，帮助学生理解元素周期表的规律和运用方法。

3. 学情分析

学生在学习元素周期表时，可能会遇到一些困难。例如，对于周期表中元素的性质、关系和排列规律的理解不够深入；对于周期表在化学实验和实际问题中的应用，缺乏必要的经验和技能。为了帮助学生克服这些困难，教师可以运用思维导图的方式构建"元素周期表"，引导学生系统地学习和理解元素周期表的结构、特点和应用。

4. 教学目标

（1）知识与技能：让学生掌握元素周期表的结构和周期律；帮助学生理解元素性质与原子结构的关系；让学生掌握运用元素周期表解决化学问题的方法和技巧。

（2）过程与方法：通过思维导图的构建，帮助学生系统地梳理元素周期表的结构和规律；通过合作学习和探究活动，培养学生的科学探究能力和团队协作精神；引导学生运用元素周期表解决化学问题，培养学生的问题解决能力和创新意识。

（3）情感态度与价值观：激发学生对元素周期表的学习兴趣和探究欲望；培养学生的科学素养和价值观；帮助学生树立科学的思维方法和创新意识。

5. 导入新课

在讲解元素周期表之前，教师可以先通过生活中的实例让学生对元素周期表产生好奇。例如，教师可以让学生思考一下，为什么汽车的轮胎需要用钢制造？为什么铁质的厨具会生锈？这些日常生活中的问题，都可以从元素周期表中找到答案。这样的开场白可以引起学生的兴趣，并为其后续的学习打下基础。

6. 新课学习

（1）问题情境：教师需要提出一些问题让学生思考。例如：元素周期表是如何排列的？它包含哪些元素？不同的元素在周期表中各有什么特点？这些问题旨在引发学生的思考和激发其对元素周期表的学习欲望。同时，教师可以准备一些卡片或道具模拟元素周期表，让学生亲手操作，感受周期表的排列规律。

（2）思维导图的构建：在学生对元素周期表有了基本的了解之后，教师可以引导学生制作一个以元素周期表为主题的思维导图，其子主题可以包括各种不同的元素类型，再下一级的主题可以包括这些元素的性质、特点、应用等。通过思维导图的制作，学生对元素周期表的理解将更加深入。

（3）实验探究：教师可以安排一些实验课程，让学生通过实验来验证元素周期表的规律。例如，教师可以引导学生通过实验比较不同金属单质的性质，观察不同金属的颜色、密度、硬度等物理性质，从而理解金属在元素周期表中的位置与其性质的关系。

7. 课堂练习

教师可以准备一些与元素周期表相关的练习题，如判断题、选择题等，让学生在课堂上完成。这些题目可以检验学生对元素周期表的理解程度，同时也可以帮助他们巩固所学的知识。

8. 学习总结

在课程的最后，教师需要对本节课的内容进行总结，可以先让学生总结，教师再进行补充。总结的内容主要包括元素周期表的排列规律、各种元素的性质和应用、实验的结论等。教师通过总结，可以让学生对所学的内容有一个完整的认识，帮助他们更好地理解和记忆所学内容。

9. 作业布置

教师可以布置一些与元素周期表相关的作业，如查找并总结某一元素的性质和用途、制作一个特定元素的思维导图等。这些作业旨在进一步巩固学生对元素周期表的理解和应用。

10. 教学反思

课后，教师需要对本节课的教学进行反思。思考一下哪些方面做得好，哪些方面需要改进。例如，学生对元素周期表的掌握程度如何？思维导图的制作是否能帮助学生更好地理解元素周期表？实验课程的效果如何？然后教师根据反思的结果对教学策略进行调整，以提高教学质量和效果。

总的来说，基于问题情境模式和思维导图模式的教学设计可以有效地帮助学生理解和掌握元素周期表这一复杂的概念。通过问题引导、思维导图的制作和实验探究，学生可以从多个角度和维度深入理解元素周期表的结构和性质，提高他们的化学素养和科学探究能力。同时，教师需要不断进行反思和调整教学策略，以适应学生的需求和学习风格，实现教学效果的最优化。

## 六、基于真实问题情境创设促进初中生科学思维发展

科学思维是指人们在面对问题、探索事物本质、创新和合作等过程中，运用观察、实验、比较、归纳、推理等科学方法进行积极思考和判断的思维过程。初中化学作为一门自然科学课程，其教学目标之一就是要培养学生的科学

思维和实践能力。然而，当前我国初中化学教学存在一些问题，如课堂教学模式比较单一，学生往往处于被动接受知识的状态，缺乏实践机会；教学内容有时过于抽象难懂，学生对化学概念和原理难以理解；学生对化学知识缺乏兴趣和探究欲望，自主学习能力不足。这些问题不仅影响了学生的学习兴趣和学习成绩，也制约了学生科学思维的发展。因此，如何通过教学设计来激发学生的科学兴趣和探究欲望，培养其科学思维和实践能力，是当前初中化学教学亟待解决的问题。

### （一）学生科学思维发展与初中化学教学的关系

学生科学思维是指学生在不同年龄阶段逐渐形成和发展的一种科学思维方式，它包括发现问题、提出假设、进行实验和观察、总结和归纳等过程。在这个过程中，学生能够逐渐掌握科学的方法和技能，形成科学的态度和价值观，从而更好地理解和探究自然现象和解决实际问题。

初中化学教学作为一门自然科学课程，对于学生科学思维的发展有着重要的影响。初中化学教学应该以培养学生的科学思维为目标，通过各种教学方法和手段，引导学生进行观察、实验、思考和探究，从而提高学生的科学素养和科学思维能力。

### （二）真实问题情境促进学生科学思维的发展

1. 帮助学生发现和提出问题

在化学教学中，教师应该通过真实问题情境的创设，帮助学生发现和提出问题。真实问题情境是指教师根据教学内容和教学目标，将学生置于一个真实的问题情境中，引导学生发现问题、提出问题和解决问题。例如，在讲解酸雨对环境的影响时，教师可以给学生展示酸雨对建筑物和植物的危害图片或视频，从而引导学生提出酸雨是怎样形成的、如何减少酸雨的产生和如何治理酸雨等问题。学生通过发现和提出问题，能够逐渐培养自己的观察能力和质疑精神，从而提高自己的科学思维能力。

2. 促使学生进行实验和观察

化学教学的一个重要方面是实验和观察。教师应该通过实验教学促使学生进行实验和观察，培养学生的实验技能和观察能力。例如，在讲解物质的溶解性时，教师可以给学生提供不同的物质，让学生自己动手进行溶解实验，并观察不同物质的溶解现象。学生通过实验和观察的过程，能够逐渐培养自己的实践能力和探究精神，从而提高其科学思维能力。

### 3. 有助于激发学生的科学思维

真实问题情境创设可以帮助学生更好地理解化学知识和原理，同时也能够激发学生的学习兴趣和探究欲望。例如在讲解酸碱中和反应时，教师可以引入生活中的胃酸过多、化工生产中的酸碱中和等问题，让学生了解化学反应在生活和生产中的应用。同时，教师还可以引导学生探究酸碱中和反应的原理和应用范围等更深层次的问题。学生通过思考这些问题可以激发自己的科学思维，培养自己的科学探究能力。

### 4. 增强学生的学科知识应用能力

真实问题情境创设可以将学科知识和实际问题相结合，帮助学生更好地理解和应用所学知识。例如在讲授氧气的性质时，教师可以引导学生了解氧气对于人类生命的重要性以及如何制备氧气等实际应用方面的知识。学生通过了解这些实际应用可以增强自己的学科知识应用能力，提高自己的科学素养水平。

### 5. 培养学生解决问题的能力

真实问题情境创设可以引导学生通过探究、分析、归纳、推理等方法解决实际问题。例如在讲授氧化还原反应时，教师可以引导学生了解氧化还原反应在生产生活中的广泛应用及其对环境和健康的影响等实际问题。学生通过思考如何解决这些问题，可以培养自己解决问题的能力，检验自己对于科学方法和价值观的认识和掌握程度。

总而言之，真实问题情境创设是初中化学教学中一种非常有效的方法，它可以推动学生的科学思维发展，增强他们对化学知识的应用能力，以及提高他们解决问题的能力。教师通过引导学生在真实的问题情境中进行探索和解题，能有效地引发学生的学习热情，培养他们独立自主的学习能力，同时也能够塑造他们的团队协作和沟通能力。此外，真实问题情境创设还能推动学生进行深入的思考和反思，进而提升他们的综合素养。在真实问题情境创设的过程中，教师需要扮演好学生的学习引导者和组织者的角色；要重视学生的参与和合作，关注学生的思维以及他们解决问题的策略，及时给出反馈和指导，以便学生在解决问题的过程中能够不断提升科学思维能力。同时，教师还需要努力激发学生的学习兴趣，培养他们的科学思维能力和问题解决能力。

**案例十一：豆腐的制作**

在山区，豆腐是一种传统美食，也是很多山区学生经常吃的美味食物之一。豆腐的制作蕴含着什么样的化学原理呢？

首先，我们要明确豆腐的成分。豆腐主要是由大豆和水加工制作而成的。

大豆富含蛋白质、脂肪、碳水化合物等营养成分，而水则是豆腐制作过程中不可缺少的介质。在豆腐的制作过程中，浸泡后的大豆经过磨碎、过滤得到豆浆。这时，大豆中的蛋白质被水解成了小分子的肽和氨基酸，这些小分子物质在凝固剂的作用下凝固成豆腐脑。在压制过程中，水分逐渐被排除，豆腐脑变成豆腐。

在这个过程中，化学反应可谓贯穿始终。大豆中的蛋白质在浸泡过程中发生了水解反应，转变为小分子肽和氨基酸。凝固剂加入后，这些小分子物质在凝固剂的作用下发生聚合反应，形成网状结构，从而凝固成豆腐脑。进一步压制后，水分逐渐被排除，豆腐脑转变为豆腐。

此外，对于豆腐的品质控制也是十分关键的环节。豆腐的硬度和口感与凝固剂的用量、压制时间等因素密切相关。适量的凝固剂可以使豆腐既有弹性又不硬，而压制时间则直接影响豆腐的口感和水分含量。

教师可以引导学生通过观察、实践等方式探究豆腐的制作原理和技巧。学生们可以通过亲手制作豆腐，掌握其中的化学原理和制作技巧，从而更好地理解和欣赏这种传统美食。

此外，教师还可以设置与豆腐相关的实际问题情境，例如如何解决山区中学午餐中豆腐的供应问题，如何保证豆腐的新鲜度和品质等。这些问题情境可以引导学生运用所学的化学知识解决实际问题，培养他们独立思考和创新的能力。

1. 课标分析

本探究活动的设计是根据《义务教育化学课程标准（2022 年版）》中"身边的化学物质"部分的内容进行的。标准中强调，学生应通过实践，了解身边物质的性质和变化规律，获得有关化学知识和技能，同时强调学生应通过探究活动，初步形成运用化学知识解决日常生活中有关问题的能力。因此，本活动的设计符合课程标准的要求。

2. 教材分析

本探究活动是在学生学习了豆腐的原料、制作过程及营养价值等知识的基础上进行的。通过此活动，学生可以进一步了解豆腐制作的原理和过程，同时也可以运用所学的化学知识解决实际问题，实现知识的有效迁移和应用。

3. 学情分析

本活动的对象是山区初中的学生。他们对于生活中的物质和化学知识有着强烈的好奇心和探究欲望，但由于生活环境和认知水平的限制，他们的化学基础和实验技能相对较为薄弱。因此，在设计活动时，教师应考虑到他们的认知特点和生活实际，尽可能地选择安全、简单、易操作的实验，激发他们的兴趣和积极性。

4. 教学目标

（1）知识与技能：了解豆腐制作的原料和基本原理；掌握豆腐制作的基本步骤和技能；运用所学的化学知识解决实际问题。

（2）过程与方法：通过实践探究，培养学生的观察能力、动手能力和合作精神；提高学生的思维能力和解决问题的能力。

（3）情感态度与价值观：激发学生对化学学习的兴趣和热爱生活的情感；培养学生的科学素养和环保意识；增强学生对家乡传统文化的认识和热爱。

5. 提供学习探究资源

（1）准备豆腐制作过程的图片和视频资料。

（2）提供豆腐制作的相关书籍和资料。

（3）准备实验器材和试剂：豆浆机、磨豆机、煮沸锅、豆腐模子、凝固剂等。

为了让学生们更好地了解豆腐的制作过程和化学原理，教师可以准备一些豆腐制作过程的图片和视频资料，以及相关的书籍和资料。此外，教师还可以准备豆浆机、磨豆机、煮沸锅、豆腐模子等实验器材和凝固剂等试剂，让学生们可以在实践过程中亲自动手制作豆腐，深入了解豆腐制作的每个步骤和其中的化学原理。

6. 设置教学问题

（1）豆腐是由什么原料制作的？

（2）在制作豆腐的过程中发生了哪些化学反应？

（3）如何控制豆腐的硬度和口感？

（4）如何检验豆腐是否新鲜？

在了解豆腐的制作过程和化学原理后，教师可以引导学生们提出一些与豆腐制作相关的问题。例如，"豆腐是由哪些原料制作的？""在制作豆腐的过程中发生了哪些化学反应？""如何控制豆腐的硬度和口感？""如何检验豆腐是否新鲜？"学生可以通过这些问题深入了解豆腐的制作过程和化学原理，同时也可以培养他们的发现问题和解决问题的能力。

7. 解决问题

（1）原料：大豆、水、凝固剂等。

（2）化学反应：大豆浸泡膨胀后，磨成豆浆，加入凝固剂，形成豆腐脑，再压制成豆腐。其中，凝固剂的作用是使豆浆中的蛋白质凝固，形成豆腐。

（3）控制豆腐的硬度和口感：主要通过控制凝固剂的用量和压制时间来实现。凝固剂过多会导致豆腐过硬，过少则使豆腐过软。压制时间也是关键因素，时间过短豆腐会过软，时间过长则会使豆腐过硬。

（4）检验豆腐是否新鲜：可以通过观察豆腐的颜色、闻其气味、触摸其表面湿度等方法进行初步判断。但最准确的方法是品尝豆腐的味道和口感。

在了解豆腐的制作过程和化学原理后，学生们可以亲自动手制作豆腐。在实践过程中，学生可以通过控制凝固剂的用量和压制时间来控制豆腐的硬度和口感。同时，学生也可以通过观察豆腐的颜色、闻其气味、触摸其表面湿度等方法初步判断豆腐是否新鲜。在制作完成后，学生还可以品尝豆腐的味道和口感，进一步加深对豆腐制作过程和化学原理的理解。

8. 总结归纳

（1）总结豆腐的成分和制作过程，以及每个步骤涉及的化学反应。

（2）通过实践掌握豆腐制作的技巧和方法。

（3）鼓励学生在家中尝试制作豆腐，提高实验能力和观察能力。

在完成实践后，学生可以总结归纳出豆腐的成分和制作过程，以及每个步骤涉及的化学反应。同时，学生也可以通过实践掌握豆腐制作的技巧和方法，提高实验能力和观察能力。教师要鼓励学生在家中尝试制作豆腐，将所学的知识和技能应用到实际生活中去，进一步加深学生们对化学原理的理解和应用。

9. 课外拓展

（1）中国豆腐与日本豆腐的差异。

中国豆腐与日本豆腐在原料、口感和营养价值等方面存在明显的差异。①原料：中国豆腐以大豆为主要原料，而日本豆腐则以鸡蛋为主要原料。中国豆腐是用大豆磨成的豆浆加入凝固剂等制成；而日本豆腐用鸡蛋作为主要原料，还会加入纯水、植物蛋白和天然调味料等。②口感：日本豆腐更为细腻、爽滑，而中国豆腐则相对粗糙。日本豆腐口感细腻，具有如同鸡蛋一般的美味。而中国豆腐则相对口感粗糙，但具有特别的香味。③营养价值：日本豆腐的蛋白质含量较高，但钙含量较低。中国豆腐含有丰富的钙、镁等矿物质元素，100 克中国豆腐可提供 138 毫克的钙和 63 毫克的镁。而 100 克日本豆腐含钙 17 毫克、镁 24 毫克。

总的来说，中国豆腐和日本豆腐在原料、口感和营养价值等方面存在差异，两者各有特点。

（2）白豆腐与米豆腐的区别。

白豆腐和米豆腐在原料、外观、口感和制作工艺等方面存在明显的区别。

①原料：白豆腐是由黄豆、黑豆等豆类制作而成，而米豆腐则是由大米制作而成。②外观：白豆腐因为是由豆类制作而成的，其颜色会根据所用豆类的不同而有所差异，总体呈现为白色。而米豆腐由于是用大米制作而成的，其颜色为淡黄色，和白豆腐的颜色存在明显差异。③口感：白豆腐的口感比较细腻，有浓郁的豆香味。而米豆腐则由于大米的口感相对较为粗糙，但有其特有的米香味。④制作工艺：虽然白豆腐和米豆腐都需要经过浸泡、磨碎、过滤等步骤，但白豆腐需要加入凝固剂如石膏或盐卤使其凝固，而米豆腐则是加入碱后进行熬制。

总体来说，白豆腐和米豆腐在原料、外观、口感和制作工艺等方面存在差异，可以根据个人口味进行选择。

# 第三节　化学语言问题情境创设

化学语言问题情境创设是指在教学过程中，通过设计特定的情境场景或问题情境，引导学生运用化学知识和概念进行分析、推理与解决问题的一种教学方法。通过化学语言问题情境创设，教师能够激发学生的学习兴趣，促进他们深入理解和应用化学知识的能力，培养他们的创新思维和问题解决能力。

## 一、化学语言的特点与要求

化学语言是指用于表达化学思想、概念和现象的专门语言，是化学学科所独有的语言类型，也是化学学习的重要工具。化学语言可分为符号语言、文字语言和图表语言三类。

### （一）特点

化学语言的新颖性、精准性、生动性、实用性和科学性等特点，使得它既具有独特的魅力，又能够高效地传播和表达化学知识和信息。

1. 新颖性

化学语言不断追求新的表述方式，融入新的元素，以便更好地适应学科发展的需要。化学语言的新颖性主要体现在随着科学技术的不断进步，化学语言也在不断地更新和演变，以适应新的发现和新的理论。例如，随着量子化学的发展，我们开始使用量子化学符号、波函数等术语来描述分子和材料的性质。

此外，化学语言也随着技术的进步而发展，例如使用虚拟现实技术来模拟分子结构和化学反应等。这些新的表述方式使得化学语言更加形象生动，更准确地表达了化学学科的知识和信息。

2. 精准性

化学语言强调语言的准确性，以避免概念混淆和误解。化学语言的精准性对于准确地传递化学知识和信息至关重要。例如，化学中使用的专业术语和符号都是精确且有特定含义的。例如，"氢"和"氕"虽然都是原子序数为1的原子，但它们的质量和核性质完全不同，因此使用时必须准确无误。此外，化学反应方程式、分子式、结构式等也要求严格规范，不得随意更改，以确保准确表达化学反应和物质的结构和性质。

3. 生动性

尽管化学语言以精准性著称，但并不意味着它就不能生动形象。通过采用比喻、类比等修辞手法，化学语言可以将抽象的原理和概念变得更为生动形象，便于学生理解。例如，化学中的"电子运动"可以被描述成一群蜜蜂在跳舞，形象地表达了电子在原子或分子中的运动是不确定的原理。此外，化学反应也可以被比喻成一场战役，各种原子和分子在反应前后的相互作用就像是在战斗中的士兵一样。这些生动的比喻和类比有助于学生更好地理解和记忆化学知识。

4. 实用性

化学语言强调理论与实践相结合，重视语言的实用性。这意味着化学语言不仅要能准确地描述抽象的化学原理，也要能有效地指导化学实验和实践活动。例如，化学语言被广泛应用于化学实验的仪器说明书中，指导实验者如何操作实验设备、控制实验条件以及处理实验数据等。此外，化学语言也被用于编写化学计算题和应用题等，帮助学生提高解决实际问题的能力。因此，化学语言的实用性是非常重要的。

5. 科学性

化学语言遵循严密的逻辑体系，强调表达方式的规范、精确、简洁、恰当和严谨。为了表达复杂的化学知识和现象，化学语言必须具有高度的科学性。例如，化学反应方程式、分子式、结构式等都是经过精心设计、精确计算的。这些符号和表达方式遵循着特定的语法和规则，不得随意更改或省略。同时，化学论文、研究报告等也必须符合一定的格式和规范，以便读者能够准确地理解和评估其中的科学价值。

（二）要求

初中化学教师的语言应当具备准确性和科学性，符合简练和清晰、生动和形象、情感和激情、规范和文明等方面的要求，才能够更好地引导学生学好化学知识，提高教学质量。

1. 准确性和科学性

教师在化学教学中应使用准确、科学的化学术语和概念，避免使用模糊不清或者不准确的表述，以确保学生能够正确理解化学知识和原理。

例如，对于化学反应方程式的配平，教师应当准确地说明如何根据原子守恒和电荷守恒来进行配平，而不是简单地"把数字加起来"；对于化学反应的条件，教师应当准确地说明是"加热"还是"高温"，而不是简单地用"热"来代替。

2. 简练和清晰

教师在化学教学中应当用简练、清晰的语言来表达化学知识和原理，避免冗长和复杂的句子，特别要避免使用易有歧义或者多义的词汇。

例如，对于化学反应的描述，教师应当用简练的语言来描述反应物和生成物的种类、状态和数量，而不是写一篇长文章；对于化学实验的操作步骤，教师应当用清晰的语言来表述每个步骤的要点和注意事项，避免使用易有歧义或者多义的词汇。

3. 生动和形象

教师在化学教学中可以使用生动、形象的语言来描述化学现象和过程，帮助学生更好地理解和记忆化学知识。

例如，对于原子的结构，教师可以形象地描述原子像一个微型太阳系，电子就像行星绕着太阳转；对于酸碱中和反应，教师可以将其比喻为"友好握手"，帮助学生理解反应的条件和过程。

4. 情感和激情

教师在化学教学中应当用情感和激情来感染和引导学生，激发学生对化学的兴趣和热情，帮助其树立学好化学的信心。

例如，对于化学实验的演示，教师可以用引人入胜的语言激发学生的好奇心和兴趣；对于化学原理的讲解，教师可以用富有激情的语言来描述化学的美妙之处。

5. 规范和文明

教师在化学教学中应当使用规范、文明的化学用语和语言表达方式；同时，也要注意语调和语速，让学生能够听清楚、理解好。

例如，对于化学仪器的描述，教师应当使用规范的名称和术语来描述；对于化学反应的描述，教师应当避免使用过于简化或者不准确的用语；在讲解过程中，教师应当控制好语调和语速，让学生能够听清楚、理解好。

## 二、利用化学语言构建活跃的课堂教学气氛

化学是一门以实验为基础的自然科学，它既包含严谨的科学理论，又具有丰富的实践内容。在初中化学教学中，由于学生是初次接触化学，在理解化学实验和理论时往往存在一定的困难。利用化学语言营造一个活跃的课堂气氛，帮助学生更好地理解和掌握化学知识，就成为初中化学教师需要考虑的重要问题。在初中化学教学中，教师应当根据学生的特点和学科的特点，灵活运用化学语言，营造一个愉悦、轻松、活泼的课堂氛围，让学生在快乐中学习，在趣味中成长。只有这样，初中化学教学才能取得更好的效果，实现素质教育的目标。

### （一）用生动的比喻增强学生的理解

化学概念往往比较抽象，教师可以利用生动的比喻来帮助学生理解。比如，在讲解分子结构时，教师可以将分子比作"俄罗斯套娃"，不同的原子间相互结合形成套娃玩具，每个原子都相当于一个套娃玩具中的小屋子，电子则相当于每个小屋子中的小人。教师通过这种比喻，可以让学生更加直观地理解分子结构的层级性和原子间的相互作用。

### （二）用形象的实验现象吸引学生的注意力

化学实验是吸引学生兴趣的有效手段。教师可以演示一些生动有趣的实验，如"水中花园""烧不坏的手帕"等。这些实验可以让学生观察到形象生动的化学反应现象，吸引学生的注意力并激发他们对化学的兴趣。

例如，"水中花园"是一个利用硅酸盐制备的微型花园实验。在实验过程中，硅酸盐晶体在水中生长，形成了一片微型花园。通过这个实验，学生可以观察到硅酸盐晶体在水中生长的过程和不同晶体的形状和颜色。这些形象生动的实验现象可以帮助学生更好地理解化学反应和物质变化的过程。

### （三）用幽默的语言调节课堂气氛

在化学课堂上，利用幽默的语言调节课堂气氛是一种非常有效的教学方

法。通过幽默诙谐的语言，教师可以缓解学生的压力，调动学生的积极性，同时还可以帮助学生更好地理解化学知识。

在讲解置换反应时，可以把"单质"比喻成"真爱"，把"化合物"比喻成"备胎"。这种比喻方式可以让学生在笑声中理解单质和化合物的关系。教师通过将化学概念与情感联系起来，可以帮助学生更好地记忆和理解化学知识，同时还可以增加学生对化学的兴趣和热情。

此外，幽默诙谐的语言还可以帮助教师更好地与学生沟通。在化学课堂上，教师与学生之间的互动是非常重要的。通过幽默诙谐的语言，教师可以拉近与学生之间的距离，建立良好的师生关系，从而更好地帮助学生理解和掌握化学知识。

### （四）　用趣味的互动游戏帮助学生记忆

教师可以设计一些趣味互动游戏，如"元素周期表接龙""化合物配对"等，让学生在游戏中熟悉元素周期表和化合物的性质。

例如，"元素周期表接龙"游戏可以让学生更好地记忆元素周期表。教师可以把元素周期表中的每个元素制作成一个卡片，然后把这些卡片贴在黑板上。游戏开始时，一个学生说出一个元素的名称，然后其他学生要迅速找到这个元素在周期表中的位置并把它记住。接下来，教师会问："下一个元素是什么？"学生要迅速回答出下一个元素的名称，并把它记住。这个游戏可以帮助学生更好地记忆元素周期表中的元素名称和位置。

再比如，"化合物配对"游戏可以让学生更好地理解化合物的性质和组成。教师可以把不同的化合物名称写在黑板上，然后把每种化合物的分子式写在另一个卡片上。游戏开始时，一个学生从黑板上的化合物名称中选择一个，然后其他学生要迅速找到这个化合物的分子式并把它记住。接下来，教师会问："下一个化合物的分子式是什么？"学生要迅速回答出下一个化合物的分子式并把它记住。这个游戏可以帮助学生更好地记忆化合物的性质和组成。

## 三、运用生动趣味的化学语言构建化学问题情境

化学问题情境的构建是促进学生理解和应用化学知识的重要手段。通过使用生动趣味的化学语言，教师可以创建富有趣味性和启发性的问题，激发学生的思考和好奇心。

### （一）利用比喻和类比创造问题情境

比喻和类比是化学语言中常用的形象化手段，教师通过将抽象的化学概念与生活中的事物进行比喻和类比，可以帮助学生更好地理解化学知识。比喻和类比是化学教学中常用的策略，它们可以将复杂的化学概念和过程转化为更直观、更易于理解的形式。通过比喻和类比，教师可以帮助学生更好地理解化学知识，提高他们的学习兴趣和理解程度。在讲解原子结构时，教师可将原子比喻成一座房子，电子是房子中的小球，质子是房子中的小狗，小狗围绕小球转圈。这个比喻可以帮助学生更好地理解原子的结构和电子的运动状态。

### （二）使用趣味性的化学故事

教师通过讲述一些趣味性的化学故事，可以吸引学生的注意力，并引导学生进入教师所构建的问题情境。例如，在讲解金属的性质时，教师可以引入一些有趣的故事。比如，有一位教师在讲解金属的导热性时，他给学生们讲述了这样一个故事：有一个小偷在偷窃了一家珠宝店后，将珠宝藏在了铁桶里，但是当他再次回到现场时，发现珠宝已经不翼而飞了。这个小偷怎么也没想到，他的一举一动都被铁桶里的热传感器记录了下来，警察也因此顺利地抓住了他。通过这个故事，教师可以引导学生思考金属的导热性，并探讨其在日常生活和工业生产中的应用。

### （三）以生活化的问题为导向

化学知识与日常生活密切相关，教师可以运用生活化的问题引导学生进入问题情境。例如，在讲解酸的性质时，教师可以提出这样的问题："为什么我们在烹饪肉类食品时会使用酸性的调味品？为什么有些水果尝起来是酸的？"通过这些生活化的问题，教师可以帮助学生将所学的化学知识与日常生活结合起来，更好地理解和应用化学知识。

### （四）以形象的实验现象为背景

实验是化学教学中不可或缺的一部分。教师通过演示一些形象有趣的实验现象，可以帮助学生更好地理解化学知识。例如，在讲解浓硫酸的性质时，教师可以演示将浓硫酸滴入水中及加入一块糖的实验，让学生观察到糖在浓硫酸中迅速变黑并产生刺激性气味的现象。通过这个实验，教师可以引导学生思考浓硫酸的性质和应用，并探讨其在日常生活和工业生产中的应用。

**案例十二：质量守恒定律探究活动**

**1. 课标分析**

初中化学课程标准明确提出了"质量守恒定律"的学习要求。学生需要理解化学反应中物质质量之间的关系，掌握质量守恒的原理，并能够运用这些知识解决实际问题。通过本探究活动，学生将有机会亲身实践和深入理解这一重要的化学原理。

**2. 教材分析**

本探究活动旨在让学生深入理解质量守恒定律。这个定律是化学反应中物质质量之间的基本关系，是理解化学反应和能量转化的基础。本活动将通过具体的实验和计算，帮助学生掌握质量守恒定律的实质，并能够运用它解决实际问题。

**3. 学情分析**

经过前面的学习，学生对化学反应有了一定的了解，也具备了一定的实验操作能力和计算能力。然而，质量守恒定律是一个较为抽象的概念，需要学生通过实践探究来深入理解和掌握。本活动将针对学生的实际情况，设计合适的探究问题，引导学生逐步掌握质量守恒定律。

**4. 教学目标**

（1）知识与技能：理解质量守恒定律的原理和意义；掌握化学反应中物质质量之间的关系；能够运用质量守恒定律解决实际问题。

（2）过程与方法：通过实验探究，发现和理解质量守恒定律；掌握科学探究的基本方法和技能。

（3）情感态度与价值观：培养科学精神和探究意识；提高对化学原理的好奇心和求知欲；增强对化学学科的兴趣和热爱。

**5. 教学重难点**

（1）教学重点：引导学生通过实验探究理解质量守恒定律，掌握化学反应中物质质量之间的关系。

（2）教学难点：运用质量守恒定律解决实际问题，理解质量守恒定律的意义和价值。

**6. 教学过程**

（1）导入：大家好，今天我们将一起探讨一个在化学中极为重要的原理——质量守恒定律。质量守恒定律是化学反应中物质质量之间的基本关系，它告诉我们，在化学反应前后，反应物的总质量与生成物的总质量是相等的。这个原理在我们的日常生活和科学研究中都有着广泛的应用。那么，这个原理具体意味着什么呢？我们又要如何去理解和应用它呢？接下来，我们将通过实验和探究来深入理解和掌握质量守恒定律。

（2）实验探究：我们将进行一个简单的化学实验来探究质量守恒定律。请同学们两人一组，按照课本上的步骤进行操作。在实验过程中，我们要注意观察反应前后的物质状态、颜色等变化，同时记录下每个步骤中物质的质量。通过这些数据的记录，我们可以得出化学反应前后物质质量之间的关系。

（3）数据分析：现在，让我们来看看实验数据。大家可以发现，反应前后的物质质量是相等的。这是为什么呢？这是因为质量守恒定律告诉我们，化学反应前后物质的总质量是不变的。这个原理可以通过我们手中的数据得到验证。当然，这个原理并不是绝对的，有些化学反应可能会有轻量的质量损失或增加，比如核反应和某些化学反应中产生的气体或沉淀物。但是通常情况下，质量守恒定律都是成立的。

（4）应用实践：现在，让我们来看一些实际问题，深入理解质量守恒定律的应用。如果你是化工厂的技术员，现在要生产一批化工用品，需要考虑哪些因素？在生产过程中，需要计算原料的质量吗？不同的原料生产同样多的产品消耗的原料和能源一样多吗？质量守恒定律的基本原理是质量既不能被创造，也不能被消灭，只是物质通过相互转化重新分配，所以在生产过程中，技术人员需要先根据相关的化学方程式准确地算出原料和能源的用量，以确保能用最少的原料和能源生产出更多的产品，符合经济原则。原料过多或过少，都会使工厂生产出来的产品数量跟预算的有偏差，甚至会影响产品质量。从质量守恒定律可以计算出产量大概为多少，从最终产量可以监测到中间流程的损耗是否合理。

（5）总结反思：通过今天的实验和探究，我们对质量守恒定律有了更深入的理解。

7. 板书设计

质量守恒定律的定义和重要性
实验过程和结果记录表
数据分析和结论
质量守恒定律的应用实例
总结和反思

# 第四节 化学游戏问题情境创设

初中化学游戏情境教学是指通过设置与化学学科相关的教学情境，将游戏元素与情境教学相结合，引导学生融入其中，以激发学生对化学的学习兴趣和热情的一种新型教学模式。这种模式应用在初中化学教学中，可以通过游戏的方式呈现化学知识，让学生在轻松愉快的氛围中学习化学，提高学生对化学学习的兴趣和积极性。

## 一、初中化学游戏化教学趋势

在初中化学教学的实践中，教学游戏的应用已被证实对高效教学具有积极的影响。结合初中化学教学的特性，采用教学游戏不仅有效地调动了化学课堂的气氛，同时也极大地激发了学生学习化学知识的热情。因此，有效地运用教学游戏，已成为初中化学教学的重要策略，同时也是未来化学教学取得进一步发展的关键方向。为了更好地推动初中化学教学的发展，我们必须对教学游戏的优势和具体应用进行深入的探讨。通过这些探讨，我们可以为开展优质的教学提供强有力的支持。这种教学方式不仅使学生更好地理解和掌握化学知识，同时也能提升他们对化学学习的兴趣和热情，从而达到更好的教学效果。总的来说，将教学游戏融入初中化学问题情境教学中，是提高教学效果和质量的有效手段，也是未来化学教学发展的趋势。

### （一）导入环节运用游戏教学

在化学教学的导入环节中，运用游戏的方式可以有效地吸引学生的注意力，提高他们的学习兴趣，同时也可以通过游戏内容来引导学生对即将学习的内容进行初步的认识和理解。

1. 重视导入环节

导入环节是整个教学过程的开端，也是至关重要的一个环节。在这个环节中，主要目的是将学生的注意力从其他地方转移到课堂中来，并激发他们对即将学习的内容产生兴趣。因此，教师需要对导入环节进行精心的设计和准备，以保证其有效性。

2. 导入环节的度

在导入环节中运用游戏时，教师要注意掌握游戏的度。游戏时间不宜过长，避免喧宾夺主，影响后续的教学进程；同时游戏程度也不宜过于激烈，以免学生过度兴奋，影响后续的教学效果。

3. 游戏内容与教学内容的关联性

在选择导入环节的游戏时，教师需要确保游戏内容与即将展开的教学内容相关联。这样可以让学生在游戏中初步感知教学内容，为后续的学习作好准备。例如，在开展"金属和金属材料"这一内容的教学时，教师可以选择与金属相关的小游戏作为导入环节，比如"金属的识别竞赛"，让学生通过观察和思考来辨认各种金属，这样可以自然地引出教学内容。

4. 控制游戏难度

在选择导入环节的游戏时，教师还需要控制游戏的难度。游戏过于困难会让学生产生畏难情绪，影响他们的学习兴趣；而游戏过于简单则无法引发学生的思考，无法达到预期的教学效果。因此，教师在设计导入环节的游戏时，要充分考虑学生的实际情况和教学需求，合理设置游戏的难度。

### （二）在教学环节运用游戏

在初中化学的教学中，教师运用游戏可以有效地提高学生的学习兴趣和参与度，帮助学生更好地理解和掌握化学知识。

1. 情境式游戏

情境式游戏是一种非常有效的教学方式，可以帮助学生更好地理解和掌握化学知识。通过为学生营造一个真实的学习情境，教师可以引导学生进入学习状态，进行良好的化学学习。

例如，教师在开展"二氧化碳"教学时，可以组织一个推理性教学游戏，让学生通过实际探究的方式进行学习。教师描述一个情境：一个山洞被称为"狗死洞"，传说有很多狗进入这个山洞，无一生还。当地的人进去探究却没有任何问题。由此产生相应的疑问，为什么同样是生物，人可以出入自由，狗却无法生还？之后有人查明，导致狗丧失生命的正是二氧化碳，可背后的原理是什么呢？初中生对于这类推理类的游戏具有很大的探究欲望和兴趣，教师可以借此引导学生解答这个问题，引导学生深入学习与二氧化碳相关的知识。通过这个游戏，学生可以了解到二氧化碳的密度比空气大，位置相对较低，狗比人要矮得多，处在二氧化碳聚集的地方，难以呼吸到足够的氧气，进而导致窒息而亡。教师通过这种形式的教学活动，可以帮助学生更好地理解化学知识。

2. 指导性游戏

初中化学教学中有很多琐碎的知识点需要学生记忆，对于学生来说记忆这些知识点是有难度的。教师可以有效运用游戏帮助学生记忆，让学生能够快速精准地掌握。

3. 竞赛类游戏

教师可以引导学生开展竞赛类教学游戏，让学生在好胜心的驱使下，产生更为积极的学习欲望，从而实现对知识的充分消化。教师组织竞赛游戏可以让学生以小组形式参加比赛，极大地鼓舞每个学生都参与进来，并进一步强调团队的荣耀。在竞赛游戏中要充分体现出该节化学课具有的知识点、实验内容等。教师也可以在复习阶段有效运用竞赛游戏，帮助学生快速地回忆起学过的知识，从而进一步巩固所学内容。

通过这种形式的教学活动，学生会产生强烈的自主学习意识，从而实现对知识更系统、全面的学习。例如，教师可以组织化学方程式接龙比赛，将班级学生分成几个小组，每个小组轮流写化学方程式，哪个小组写的化学方程式最多最快就是胜利方。教师通过这种形式的教学活动，可以让学生在轻松愉快的氛围中学习和掌握化学知识。

### （三）小结阶段运用游戏教学

教师在小结阶段运用游戏是一种有效的教学策略，可以帮助学生更好地总结和巩固所学内容，同时也可以提高学生的学习兴趣和参与度。

1. 九宫格游戏

九宫格游戏是一种非常适合小结阶段的游戏，可以帮助学生整理和记忆所学内容。教师可以让学生在本子上画出一个九宫格，在中间写上所学内容的主题，如"金属的化学性质"，然后在周围分别写下与其相关的关键词或知识点，如金属种类、反应、性质等。这个过程不让学生看书，而是根据自己的记忆进行书写。完成之后，教师让学生对自己的九宫格进行解读，了解每格所代表的含义，这也是一个帮助其他同学复盘的过程。如果学生书写理解有错误的地方，教师要及时予以纠正。当学生完成解读之后，教师对于学生普遍存在的问题进行总结，让学生纠正认识，进一步构建起属于自己的知识体系，从而实现高效的学习。

2. 其他游戏

除了九宫格游戏之外，还有其他适合小结阶段的游戏可以选择。比如教师可以组织小组讨论，让学生互相交流学习的内容和心得体会，这样可以帮助学生更好地理解和巩固所学内容。教师也可以设计一些竞赛性质的小游戏，如猜谜语、知识问答等，让学生在轻松愉快的氛围中回顾所学内容，同时培养学生的竞争意识和团队合作精神。此外，教师还可以使用思维导图工具来帮助学生进行小结，让学生通过绘制思维导图整理和归纳所学内容，这样可以帮助学生更好地构建知识体系，增强对所学内容的理解和记忆。

## 二、基于化学游戏构建问题情境

基于化学游戏构建问题情境是一种有效的教学策略。教师通过选择适当的化学游戏、精心设计问题情境、合理安排游戏与问题情境的关系、注重学生的探究过程以及及时评价与反馈等措施，可以帮助学生更好地理解和掌握化学知识点，激发他们对化学的兴趣和探究精神，提高教学效果和学习成效。

### （一）选择适当的化学游戏

在选择化学游戏时，教师可以根据初中生的年龄和兴趣，选取一些简单易懂、有趣且与课程内容紧密相关的游戏。例如，"化学反应接龙"是一个很好的选择，通过让学生依次将反应物加入试管中，观察和记录反应现象，帮助他们理解和掌握化学反应的知识点。同时，为了保证游戏的挑战性和趣味性，教师可以设置时间限制或增加反应难度，让学生在规定时间内完成或寻找最优的反应组合。

### （二）精心设计问题情境

为了引发学生的好奇心和探究欲望，教师可以根据游戏内容和教学目标精心设计问题情境。例如，在复习"水污染及其防治"时，教师可以设置一个问题情境："假设你是一名环保志愿者，现在发现你家旁边的小河污染比较严重，请问你可以采用什么办法减少小河的污染情况？如果让你设计一条保护小河的广告图，你怎么设计？"引导学生从源头处理、节约用水、爱护水资源等方面去思考问题，通过这样的问题情境，学生不仅能够认识到化学在环境保护中的重要作用，还能将所学知识与实际问题联系起来，锻炼自己的问题解决能力。

### （三）合理安排游戏与问题情境的关系

化学游戏和问题情境是相互关联的，教师需要合理安排两者的关系。游戏环节应该为问题情境提供铺垫和引入。例如，在"燃烧的条件"游戏中，教师可以先让学生通过游戏了解燃烧需要氧气、可燃物和温度三个条件，然后设置一个问题情境："如果你是一名消防员，现在需要你灭火。你应该采取哪些措施？"这样的问题情境可以让学生运用所学的燃烧条件知识来思考和探讨灭火的方法。

### （四）注重学生的探究过程

基于化学游戏构建问题情境的核心是学生的探究过程。在游戏中，教师应该注重学生的探究过程，引导他们主动参与到游戏中，积极思考和解决问题。例如，在"燃烧的条件"游戏中，教师可以让学生自主探究燃烧的条件，并引导他们深入思考灭火的方法。同时，教师还可以鼓励学生进行小组合作和交流讨论，促进知识共享和思维碰撞。

### （五）及时评价与反馈

基于化学游戏构建问题情境的教学策略还需要及时评价与反馈。教师应当及时评价学生的表现和成果，给予他们必要的反馈和指导。例如，在"化学方程式配对"游戏中，教师可以让学生展示自己的配对成果并给予评价，同时鼓励他们互相交流和学习。评价可以是口头的也可以是书面的，可以是个人评价也可以是小组评价或全班评价，以肯定和鼓励为主导思想激发学生的学习兴趣和探究精神，提高他们的自信心和成就感。例如，教师可以根据学生在游戏中的表现、作业情况、小组讨论中的贡献等进行多元化的评价。

## 三、初中化学扑克牌游戏情境构建

在短短的一年时间内，完成初中化学教学任务对于每位化学教师来说都是一项艰巨的挑战。学生不仅需要学习新知识，还要培养能力并激发对化学的兴趣。化学实验的探究使学生对化学知识有了更加深刻的理解。然而，零散的化学知识让学生在短时间内掌握并形成一个完整的知识体系具有一定的困难。化学扑克牌游戏正好弥补了这个不足，它充分利用了学生的课余时间，激发了他们的学习兴趣，并巩固了所学知识，取得意想不到的良好教学效果。

### （一）化学扑克牌的制作及使用

化学扑克牌游戏主要应用于初中三年级，对于这个阶段的学生来说，学习化学既是一项新的挑战，也是一项重要的学习任务。因此，通过玩化学扑克牌游戏，学生可以在轻松愉快的环境中学习和复习化学知识，减轻学习压力，增加学习的乐趣。

1. 扑克牌的制作

为了进行化学扑克牌游戏，需要制作一套专门的扑克牌。在制作扑克牌时，需要注意以下事项：

（1）每张扑克牌的正面和背面都可以使用与化学相关的元素，如化合物、反应等知识。例如，可以画出氧气的符号O，或者写出碳、硫、磷等元素的化学式。

（2）扑克牌的尺寸和重量应该符合标准扑克牌的要求，以便于游戏的进行。

（3）扑克牌的材料应该耐用，不易损坏或变形。

（4）扑克牌的设计应该清晰、简洁、美观，以便学生识别和理解。

2. 扑克牌的使用

在游戏中，每个学生都会得到相等数量的扑克牌。每张扑克牌都代表一个化学知识点或化合物。例如，红色的扑克牌可以代表氧气，黑色的扑克牌可以代表二氧化碳等。

游戏的目的是通过出牌来展示自己的化学知识，同时尽可能快地出完手中的牌。具体玩法如下：

（1）每轮游戏开始时，每个玩家从牌堆中抽取一张牌。

（2）玩家将自己手中的牌和桌面上的牌进行组合，可以出一张或多张牌。例如，如果玩家手中有一张氧气的牌和一张碳的牌，那么他/她可以出一张氧气和一张碳的组合牌。

（3）如果玩家出的牌符合一定的化学反应条件，那么他/她可以继续出其他相关元素的牌。例如，如果玩家出了氧气和碳的组合牌，那么他/她可以继续出二氧化碳的牌。

（4）如果玩家无法出牌或出完了手中的所有牌，那么他/她需要从牌堆中抽取一张牌。如果抽取的牌与自己手中的牌不符合化学反应条件，那么他/她需要将这张牌弃掉。

（5）游戏结束时，手中没有牌的玩家获胜。如果两个玩家都没有牌了，那么他们都需要抽取一定数量的惩罚牌（数量可以预先设定），最后手中剩下牌少的玩家获胜。

在游戏中，每个学生都可以通过出牌展示自己的化学知识，同时也可以通过组合不同的牌来获得胜利。这个游戏不仅可以缓解学生的学习压力，还可以激发他们的学习兴趣，提高他们的学习效果。此外，扑克牌的简单易懂和普及度广等特点，也使得这款化学扑克牌游戏更容易被学生接受和喜欢。

3. 卡片的制作

（1）碳（C）——5张。

金刚石是自然界中最硬的物质，它的主要成分是碳。

石墨和 $C_{60}$（又称富勒烯或足球烯）都是由碳原子组成的分子，它们因为独特的结构和电子性质被广泛研究。

活性炭因为其高度发达的孔隙结构和极大的比表面积，具有很强的吸附能力。

碳具有可燃性和还原性，它的化学性质在常温下相对稳定。

在化合物中，碳元素通常有 +2 和 +4 的化合价。

（2）硫（S）——1张。

单质硫是淡黄色的固体，它的燃烧现象与空气中的氧气浓度有关。

在化合物中，硫元素通常有 –2、+4 和 +6 的化合价。

（3）磷（P）——1张。

单质磷有白磷和红磷两种形式，红磷在空气中燃烧缓慢，其燃烧生成的五氧化二磷对人体有毒，在实验室中常用红磷测定空气中氧气含量。

在化合物中，磷元素通常有 +5 的化合价。

（4）氢气（$H_2$）——3张。

氢气通常是无色无味的密度最小的气体，难溶于水。

不纯的氢气点燃容易爆炸，因此使用时需要特别小心。

氢气是理想的燃料，因为它的燃烧产物只有水，不造成污染。实验时我们可以通过向下排空气法或排水法来收集氢气。

如何检验氢气燃烧的产物？我们可以通过观察其燃烧后是否有水雾产生来判断。

（5）甲烷（$CH_4$）——1张。

甲烷是天然气的主要成分，它无色、难溶于水，燃烧时火焰为蓝色。

不纯的甲烷点燃容易爆炸，因此使用时需要特别小心。

如何探究甲烷的成分？我们可以通过点燃甲烷并检测其燃烧产物是否含有二氧化碳和水来判断。

（6）乙醇（$C_2H_5OH$）——1张。

乙醇俗称酒精，是一种有芳香气味的液体，能与水以任意比例混溶。

乙醇可以作为燃料，医疗上常用作消毒剂。

（7）镁（Mg）——1张。

镁是银白色的金属，在空气中点燃就能剧烈燃烧。

在化合物中，镁元素通常有 +2 的化合价。

（8）铝（Al）——1张。

铝是银白色的金属，具有良好的导电性。

铝具有良好的抗腐蚀性，因为其在空气中能与氧气反应生成致密而坚硬的氧化铝薄膜。

在化合物中，铝元素通常有 +3 的化合价。

（9）铁（Fe）——3张。

铁是银白色的金属，具有良好的导电性和导热性。

铁在潮湿的空气中容易生锈，主要是因为铁与氧气、水反应生成了铁锈（主要成分是三氧化二铁）。

在化合物中，铁元素通常有 +2（读作"亚铁"）和 +3（读作"铁"）的化合价。+3 价的铁通常被称作"高铁"。

（10）铜（Cu）——4张。

单质铜是紫红色的金属，具有良好的导电和导热性。

铜在空气中加热会生成黑色的氧化铜固体。在潮湿的环境中铜会生锈变成铜绿。

在化合物中，铜元素通常有 +1 的化合价（读作"亚铜"）和 +2 的化合价（读作"铜"）。

（11）氧气（$O_2$）——16张。

在标准状况下，氧气是无色无味的气体，密度比空气略大。它不易溶于水。我们可以用向上排空气法或排水法收集氧气。加压降温可以使氧气变成淡蓝色液体或淡蓝色固体。

氧气具有很强的氧化性，可以支持燃烧，与其他物质如碳、硫、磷、氢气及镁、铝、铁、铜等发生化学反应。在化合物中氧元素通常有 -2 的化合价。

（12）过氧化氢（$H_2O_2$）——1张。

过氧化氢俗称双氧水，是无色液体。它可以用于实验室制取氧气，不需要加热（通常使用二氧化锰作为催化剂）。

（13）氯酸钾（$KClO_3$）——1张。

氯酸钾是白色颗粒状固体，易溶于水。它和二氧化锰（作为催化剂）一起用于实验室加热制取氧气。

（14）高锰酸钾（KMnO$_4$）——1 张。

高锰酸钾是暗紫色粉末状固体，易溶于水。它是一种强氧化剂，可以用于实验室制取氧气。

（15）水（H$_2$O）——10 张。

水是无色无味液体，是常见的溶剂。如果未指明溶液的溶剂种类，通常是以水为溶剂。如何探究一种液体是否水？可以通过加入无水 CuSO$_4$ 并观察是否变成蓝色来判断。

（16）一氧化碳（CO）——4 张。

一氧化碳是无色无味的有毒气体，难溶于水。它具有可燃性和还原性，燃烧时火焰为蓝色，不纯的一氧化碳点燃容易爆炸。煤气的主要成分是一氧化碳和氢气。

冬天要注意防止煤气中毒。

（17）二氧化碳（CO$_2$）——12 张。

在通常情况下，二氧化碳是无色无味的气体，密度比空气大，能溶于水。通常在实验室我们用向上排空气法来收集二氧化碳。

固态二氧化碳俗称干冰，可以作制冷剂，用于人工降雨等。在化学性质上，二氧化碳不能燃烧也不支持燃烧。它可以与水反应生成碳酸，也可以被氢氧化钙溶液吸收生成碳酸钙沉淀和水。如何探究二氧化碳密度比空气大且不支持燃烧？我们可以通过设计实验装置进行实验验证。如何探究二氧化碳能溶于水且与水能发生反应？我们可以通过将二氧化碳通入水中观察是否产生气泡来判断。

（18）碳酸（H$_2$CO$_3$）——2 张。

碳酸是无色液体，显弱酸性，不稳定，见光易分解生成二氧化碳和水。

（19）氢氧化钙［Ca（OH）$_2$］——1 张。

氢氧化钙俗称熟石灰，是白色固体，微溶于水。它的溶液俗称石灰水，通入二氧化碳后会变浑浊。

（20）氧化钙（CaO）——1 张。

氧化钙俗称生石灰，是白色固体，能与水反应生成熟石灰。

（21）碳酸钙（CaCO$_3$）——2 张。

碳酸钙是白色固体，难溶于水。大理石、石灰石的主要成分是碳酸钙。实验室制取二氧化碳的主要原料是碳酸钙和稀盐酸。

（22）碳酸氢钠（NaHCO$_3$）——1 张。

碳酸氢钠是白色粉末状固体，能溶于水。它是一种弱碱性的盐，可用于治疗胃酸过多，是发酵粉的主要成分。

（23）氨气（$NH_3$）——1张。

氨气是无色有刺激性气味的气体，极易溶于水。它是一种碱性气体，可用作制冷剂和碱性物质。

（24）硫酸（$H_2SO_4$）——1张。

硫酸是无色黏稠状液体，有腐蚀性。它是许多化学反应的重要试剂，包括酸碱中和反应和硫酸盐的制备。

（25）氧化铜（CuO）——3张。

氧化铜是一种常见的黑色固体，可以通过加热铜和氧气来制备。这种反应可以用于实验室中制备氧化铜。氧化铜不溶于水，可以用于制作电路板等。

（26）氯化钾（KCl）——1张。

氯化钾是一种常见的白色固体，易溶于水。它可以用于制备生理盐水等医疗用途，也可以用于制作肥料等农业用途。

（27）锰酸钾（$K_2MnO_4$）——1张。

锰酸钾是一种紫褐色晶体，易溶于水。它可以由高锰酸钾加热分解制备，是一种常见的氧化剂和漂白剂。它可以用于制备氧气等实验用途。

（28）二氧化锰（$MnO_2$）——2张。

二氧化锰是黑灰色固体，不溶于水，可作 $H_2O_2$ 与 $KClO_3$ 制取氧气的催化剂。

（29）氧化铁（$Fe_2O_3$）——1张。

氧化铁是红色粉末，是铁锈的主要成分，矿石为赤铁矿，是炼铁的主要原料。它可以通过加热铁和水来制备，是一种常见的氧化剂和漂白剂。它可以用于制备三价铁盐等，也可以用于制作颜料等其他用途。

（30）氯化氢（HCl）——1张。

有刺激性气味的气体，溶于水形成盐酸，在实验室可用稀盐酸（浓盐酸挥发性较强）与碳酸钙反应来制取二氧化碳。

（31）硫酸（$H_2SO_4$）——1张。

硫酸是一种常见的强酸，可以与锌等金属反应制备氢气。在实验室中，我们可以用锌和稀硫酸反应来制备氢气，这也是一种常见的实验操作。

（32）二氧化硫（$SO_2$）——1张。

二氧化硫是一种有刺激性气味的有毒气体，可以引起酸雨等环境问题。硫燃烧或火山喷发会产生二氧化硫，工厂排放的废气中含硫化合物氧化也会产生二氧化硫。二氧化硫可以用于制备亚硫酸盐等实验用途，但也需要控制其排放以保护环境。

（33）五氧化二磷（$P_2O_5$）——1 张。

五氧化二磷是一种常见的白色固体，有毒且易溶于水。它可以由红磷燃烧制备，是一种常见的氧化剂和脱水剂。五氧化二磷可以用于制备磷酸等实验用途，但也需要小心处理，避免对环境和人体造成影响。

（34）点燃——11 张。

点燃是化学反应中常见的条件之一，可以促进可燃物和氧气反应产生火焰和热能。常见的可燃物包括碳、硫、磷、氢气、镁、铁、一氧化碳等，它们在氧气中燃烧都需要点燃条件。点燃也需要适当的安全措施来避免火灾等危险情况的发生。

（35）加热（△）——4 张。

加热是物质发生化学反应的常见条件之一，通常需要达到一定温度范围（500℃以下）来促进反应的发生。加热可以通过酒精灯、电热板等方法来实现，也需要注意安全和操作规范，以免造成意外情况。

（36）高温——3 张。

高温是化学反应中的一种特殊条件，通常需要达到 500℃以上的温度来使物质发生反应。高温可以通过电炉、火焰等方法来实现，但需要注意安全和操作规范，以免造成火灾和其他危险情况。高温条件下也需要注意材料的耐高温性能和使用。

（37）↑——10 张。

↑是化学反应方程式中表示气体上升的符号，通常用于表示气体产物从反应体系中释放出来。在实验室制备氧气、二氧化碳和氢气等气体的反应方程式中，经常使用这个符号。

（38）↓——2 张。

↓是化学反应方程式中表示固体沉淀的符号，通常用于表示难溶于水的物质从反应体系中沉降下来。在化学实验和研究中，当出现沉淀物时，使用这个符号进行标注。

（39）通电——1 张。

通电是实现水分解的条件之一，可以通过通电的方式提供能量，使得水分子分解成氢气和氧气。在海水提镁的过程中，可以利用水分解反应将熔融状态下的氯化镁分解制得单质镁和氯气。

（40）硫酸铜（$CuSO_4$）——2 张。

硫酸铜是一种常见的白色固体，易溶于水。当它遇水时，会形成蓝色的

$CuSO_4 \cdot 5H_2O$ 晶体。在化学实验中，可以用白色硫酸铜来检验混合气体中是否含有水蒸气，或者无水酒精中是否含有水分等。

（41）硫酸亚铁（$FeSO_4$）——1 张。

硫酸亚铁是一种常见的白色粉末，易溶于水，水溶液呈现浅绿色。它可以由铁和稀硫酸反应制备，是一种常见的还原剂和漂白剂。硫酸亚铁可以用于制备硫酸铁等实验用途，也可以用于制作营养补充剂等其他用途。

（42）氢氧化钠（$NaOH$）——1 张。

氢氧化钠是一种常见的白色固体，是一种强碱，可以用于制作肥皂、纸张等。氢氧化钠容易潮解，可以作为干燥剂来吸收空气中的水分，同时也可以用于中和酸性物质等实验用途。在使用氢氧化钠时我们需要注意做好安全措施，避免对皮肤和眼睛等造成伤害。

（43）氢氧化铜 $[Cu(OH)_2]$ ——1 张。

氢氧化铜是一种常见的蓝色固体，难溶于水。它可以由铜盐和碱反应制备，是一种常见的化学反应中间体和催化剂。氢氧化铜可以用于制备其他铜化合物等实验用途，也可以用于制作颜料等其他用途。在使用氢氧化铜时我们需要注意安全措施，避免对皮肤和眼睛等造成伤害。

（44）氢氧化钡 $[Ba(OH)_2]$ ——1 张。

氢氧化钡是一种常见的白色固体，易溶于水。它可以作为碱性反应的催化剂，也可以用于制备其他钡化合物等实验用途。在使用氢氧化钡时我们需要注意安全措施，避免对皮肤和眼睛等造成伤害。

卡片共 124 张，如果四人玩，每人 31 张。

卡片的制作可根据课程内容的推进，由简至繁，玩法也会越来越有趣，内容越多，牌的张数就会越多，参与的人数可依次增多。

### （二）寓教于乐，在游戏中获取知识

在扑克牌游戏中融入化学知识是一种非常有趣且创新的方式，可以让学生在娱乐中学习，提高其对化学的兴趣和热情。

扑克牌游戏中可能出现的化学方程式（省略了反应条件）：

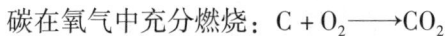

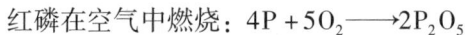

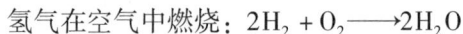

碳在氧气中充分燃烧：$C + O_2 \longrightarrow CO_2$

硫粉在空气中燃烧：$S + O_2 \longrightarrow SO_2$

红磷在空气中燃烧：$4P + 5O_2 \longrightarrow 2P_2O_5$

氢气在空气中燃烧：$2H_2 + O_2 \longrightarrow 2H_2O$

甲烷在空气中燃烧：$CH_4 + 2O_2 \longrightarrow CO_2 + 2H_2O$

酒精在空气中燃烧：$C_2H_5OH + 3O_2 \longrightarrow 2CO_2 + 3H_2O$

镁在空气中燃烧：$2Mg + O_2 \longrightarrow 2MgO$

铝在空气中燃烧：$4Al + 3O_2 \longrightarrow 2Al_2O_3$

铁在氧气中燃烧：$3Fe + 2O_2 \longrightarrow Fe_3O_4$

铜在空气中受热：$2Cu + O_2 \longrightarrow 2CuO$

实验室用双氧水制氧气：$2H_2O_2 \longrightarrow 2H_2O + O_2 \uparrow$

加热氯酸钾（有少量的二氧化锰）：$2KClO_3 \longrightarrow 2KCl + 3O_2 \uparrow$

加热高锰酸钾：$2KMnO_4 \longrightarrow K_2MnO_4 + MnO_2 + O_2 \uparrow$

水在直流电的作用下分解：$2H_2O \longrightarrow 2H_2 \uparrow + O_2 \uparrow$

铁和硫酸铜溶液反应：$Fe + CuSO_4 \longrightarrow FeSO_4 + Cu$

氢氧化钠溶液与硫酸铜溶液反应：$2NaOH + CuSO_4 \longrightarrow Cu(OH)_2 \downarrow + Na_2SO_4$

碳在氧气中不充分燃烧：$2C + O_2 \longrightarrow 2CO$

碳还原氧化铜：$C + 2CuO \longrightarrow 2Cu + CO_2 \uparrow$

碳还原氧化铁：$3C + Fe_2O_3 \longrightarrow 3CO + 2Fe$

在扑克牌游戏中融入这些化学反应方程式，不仅可以增加游戏的趣味性，也可以让学生们在娱乐中学习到化学知识，从而对化学产生更浓厚的学习兴趣。教师可以考虑将这些化学反应方程式制作成扑克牌，然后组织学生进行有趣的化学反应接龙游戏，或者利用这些扑克牌进行小组竞赛等，这些都将是非常有趣且具有教育意义的活动。

根据课本内容设计不同层次的扑克牌，并通过反复实践不断改进，利用课余活动时间让学生尝试游戏，是对课堂内容的延伸和补充。通过这种方式，学生学习化学的兴趣浓，基础知识掌握得牢，班内学生学习化学的热情高涨，困难学生就会越来越少了。当然，我们在施教时也存在不少问题，比如学生对此项活动投入度的把握、精力和时间的投入等问题都有待解决。

### 案例十三：元素周期表侦探游戏

1. 游戏目的

这款游戏旨在帮助学生更好地了解和记忆元素周期表的元素规律和特征，提高学生对化学基础知识的兴趣，促进他们对化学基础知识的理解，同时培养他们的解决问题能力。

2. 游戏规则

（1）游戏以小组形式进行，每个小组人数相等。小组间的竞争关系可以增加游戏的紧张感和趣味性。教师可以根据班级规模和时间安排来确定每个小组的人数，一般来说，每个小组的人数可以在 4 到 6 人之间。

（2）每个小组的第一个成员从元素周期表中选择一个元素，然后向其他成员介绍该元素的名称和规律或特征。这个介绍可以是口头的，也可以是书面的。例如，如果第一个成员选择了"氢"，他可以介绍说："氢是元素周期表中原子序数最小的元素，它的原子序数为 1。"

（3）接下来，每个小组的下一个成员需要选择一个与上一个元素规律或特征相关的元素，并向其他成员介绍该元素的名称和规律或特征。例如，如果第一个成员选择了"氢"，下一个成员可以选择"氦"，并介绍说："氦是仅次于氢的最轻的元素，它的原子序数比氢大一位，为 2。"这个接龙过程可以持续下去，直到所有的元素都被介绍过。

（4）如果在一个小组的成员介绍完一个元素之后，其他小组的成员在规定的时间内（例如 30 秒）无法接龙，则该小组会失去一次机会。当一个小组失去三次机会时，该小组被淘汰出局。这种淘汰机制可以激励学生更积极地参与游戏并准确地记住元素的规律和特征。

（5）通过这款游戏，学生可以在轻松愉快的氛围中学习和记忆元素周期表的元素规律和特征。此外，这款游戏还可以增强学生的探究精神和团队合作能力。例如，在游戏中，学生需要主动思考并选择下一个元素，这需要他们具备一定的探究能力。同时，小组间的竞争关系可以激励学生合作，共同完成任务并赢得比赛。

3. 优化建议

为了让游戏更加有效和有趣，教师可以考虑以下几点建议：

（1）在游戏开始前，教师可以为学生提供一些有关元素周期表的基础知识，例如元素的分类、周期和族等概念。这将有助于学生在游戏中更好地理解和记忆元素的规律和特征。

（2）在游戏过程中，教师可以给予学生必要的指导和反馈。例如，当学生在选择下一个元素遇到困难时，教师可以给予一些提示或建议。

（3）游戏结束后，教师可以对获胜的小组进行适当的奖励或表彰。这将激励其他小组更加努力地参与下次的游戏。

（4）如果时间允许，教师还可以组织学生进行一些扩展活动，例如元素周期表的谜语、智力问答等。这些活动可以进一步巩固学生对元素周期表的理解和记忆。

总之，通过这款元素周期表侦探游戏，教师可以帮助学生更好地掌握化学基础知识，增强他们对化学学习的兴趣和动力。同时，这款游戏还可以培养学生解决问题的能力和团队合作的能力，对于学生的全面发展具有积极的作用。

# 第五节　化学现象问题情境创设

化学现象指的是在化学过程中观察到的可感、可知或可测的现象。这些现象可以包括发光、发热、变色、沉淀、气体放出等。这些现象的产生是分子破裂成原子，原子重新排列组合生成新分子的化学过程的结果。同时，化学现象也包括化学实验过程中产生的所有可见、可感或可测的变化。

## 一、化学教学中化学现象的观察与记录

在化学教学中，对化学现象的观察与记录的重要性不言而喻。有效的观察与记录不仅能帮助学生更好地理解化学原理，还能培养他们的问题解决能力和科学态度。

### （一）重要性

观察化学现象在化学教学中起着至关重要的作用。它不仅有助于学生理解复杂的化学概念，培养他们的探究精神，增强其实践能力，还能促进他们的科学思维和实验能力的发展，以及提高他们的学习兴趣和动力。

1. 帮助学生理解化学概念

化学概念往往抽象且复杂，需要借助具体的实验现象进行形象化的展示和理解。通过观察化学反应的过程和结果，学生可以更直观地理解化学概念，从而更好地掌握化学知识。例如，对于抽象的电子、离子、原子等概念，学生只有借助具体的实验现象才能直观地看到其运动、结合、分离等现象。

2. 培养学生的探究精神

化学实验需要学生自己动手操作，并且往往需要他们自己发现问题、解决问题。这就是在锻炼其探究精神，通过引导学生观察实验现象，提出问题，然后鼓励他们用已知的化学知识去解决问题，这可以有效地培养他们的探究精神。例如，在学习金属的性质时，通过观察不同金属与酸的反应速度和剧烈程度，学生可以探究出金属的活动性顺序，这是对探究精神的极好锻炼。

3. 增强学生的实践能力

化学实验是一种实践活动，学生需要实际操作实验、观察实验现象、分析数据，从中掌握科学的方法和技能。通过实践，学生可以更好地理解理论知识，同时也可以提高实验技能和实践能力。例如，通过观察不同物质在水中的溶解速度和溶解度，学生可以学习如何测定溶解度，从而增强实践能力。

4. 促进科学思维和实验能力的发展

观察化学现象不仅需要学生掌握基本的化学知识，还需要他们运用科学思维和实验能力来分析现象、提出假设、设计实验并得出结论。这就像是在搭建一座桥梁，将理论知识与实验现象联系起来，通过这样的锻炼，可以有效地促进学生的科学思维和实验能力的发展。

5. 提高学生的学习兴趣

通过观察化学现象，学生可以感受到化学的神奇和魅力，从而提高他们对化学的兴趣和学习动力。例如，通过观察不同金属在酸中的反应速度，学生可以感受到不同金属的活动性差异，从而激发他们的学习兴趣。同时，这种兴趣也可以转化为学习的动力，驱动他们更深入地学习和研究化学。

## （二）学生的实验现象观察能力培养

化学实验现象的观察、记录与分析能力的培养对于提升学生的化学学科素养至关重要。

1. 强化实验操作技能

强化实验操作技能对于提高学生的化学实验现象观察、记录与分析能力至关重要。在山区初中，由于实验条件的限制，教师可以通过实验教学视频、演示实验等方式，引导学生学习和掌握基本的化学实验操作技能。

教师需要让学生了解实验操作的基本流程和规范，包括实验器材的使用、试剂的取用、加热和溶解等基本操作。此外，教师还需要强调实验安全的重要性，让学生养成正确的安全意识和良好的实验习惯。

通过实验教学视频，教师可以向学生展示标准的实验操作流程和正确的实验现象观察方法。学生可以反复观看视频，加深对实验操作的理解和记忆。同时，教师还可以在课堂上进行演示实验，让学生直观地了解实验操作过程和实验现象。

在掌握基本的实验操作技能之后，学生还需要通过实践操作来巩固和提升技能。教师可以安排适量的实验课程，让学生在教师的指导下亲自动手完成实验。在实验过程中，教师需要给予学生足够的指导和关注，纠正学生的错误操作，并引导学生对实验现象进行观察、记录和分析。

2. 细化实验现象观察

细化实验现象观察是培养学生化学实验素养的重要环节。在实验过程中，学生需要仔细观察实验现象，包括颜色变化、气体产生、沉淀生成等。教师可以通过实例展示、讲解记录要点等方式，帮助学生掌握准确描述和记录实验现象的方法。

首先，教师需要让学生了解如何准确地描述实验现象。教师可以在课堂上讲解实验现象描述的规范和方法，引导学生使用规范的化学用语进行描述。此外，教师还可以展示一些错误描述的案例，让学生了解容易出现的错误和如何避免这些错误。

其次，在实验过程中，教师需要引导学生仔细观察实验现象的变化过程。学生需要了解如何区分不同的实验现象，以及如何准确地记录这些现象。为了方便记录，教师可以引导学生使用规范的实验记录本，将观察到的实验现象及时记录下来。

最后，教师还可以鼓励学生在记录时添加个人的分析思考。学生可以结合所学的化学知识，对实验现象进行思考和分析。通过这种方式，学生不仅可以更加深入地理解化学原理，还可以锻炼独立思考和分析问题的能力。

3. 培养学生的记录能力

培养学生的记录能力也是提升学生化学实验素养的关键因素之一。准确记录实验现象不仅有助于学生更好地理解化学原理，还有助于学生在复习和交流中快速回忆起实验过程。教师可以通过实例展示、讲解记录要点等方式，帮助学生掌握如何准确记录实验现象。

首先，教师需要让学生了解记录本的使用规范和记录要点。学生需要掌握如何设置合理的记录格式、如何准确描述实验现象以及如何使用图表等形式呈现数据。此外，教师还需要强调记录的及时性和准确性，让学生养成在实验过程中及时记录的习惯。

其次，为了方便学生记录，教师可以引导学生使用电子设备进行记录。例如，学生可以使用手机或平板电脑拍摄实验现象的照片或视频，并将其整理成电子文档保存在设备中。这种方式可以帮助学生更加方便地记录实验现象和数据，并且可以随时查阅和复习。

最后，教师还可以鼓励学生在记录时添加个人的分析和思考。学生可以在记录本或电子设备中添加注释或备注，说明自己对实验现象的分析和理解。这种方式可以帮助学生在记录过程中更好地理解和掌握化学知识，并且可以培养学生的独立思考和分析问题的能力。

4. 培养学生的分析能力

观察并记录实验现象之后，学生需要运用所学的化学知识对其进行分析。分析实验现象可以帮助学生更好地理解化学原理和应用，并且可以提高学生的解题能力和科学素养。教师可以通过组织小组讨论、引导学生进行假设和验证等方式，培养学生的分析能力。

首先，教师需要让学生了解如何结合所学的化学知识对实验现象进行分析。学生需要掌握基本的化学反应原理和物质性质等知识，并将其应用于实验现象的解释和分析中。此外，教师还需要引导学生了解常见的化学反应类型和反应条件等，以便更好地进行分析和判断。

其次，在小组讨论中，学生可以互相交流自己的观察结果和思考分析。通过讨论和交流，学生可以相互学习、互相帮助，并且可以更好地理解不同的观点和分析方法。此外，小组讨论还可以培养学生的合作精神和沟通能力，促进学生综合素质的发展。

最后，教师还可以通过拓展性思考的方式培养学生的分析能力。教师可以在实验之后提出一些拓展性问题或任务，让学生运用所学的化学知识进行分析和解决。例如，教师可以让学生根据实验结果进行数据分析或处理，或者让学生根据给定条件进行模拟实验等。这种方式可以帮助学生将所学的化学知识应用于实际问题中，提高学生的分析能力和科学素养。

## 二、基于化学现象创设问题情境

基于化学现象创设问题教学情境，学生不仅可以深入理解化学知识，还可以培养科学探究的能力和热爱科学的精神，这对于他们的全面发展是非常有益的。

### （一）问题情境背景

在化学教学中，一个好的问题情境能够引发学生的探究兴趣，激发他们的好奇心和求知欲。选择一个具有挑战性的化学现象作为问题情境的中心，可以促使学生探索化学知识的奥秘，培养他们科学、严谨的态度。

### （二）学生对于化学现象的观察和记录

在创设问题情境后，需要让学生亲手进行实验并观察化学现象。实验前，教师应当简要介绍实验目的、步骤和注意事项，然后让学生自己动手操作；在实验过程中，鼓励学生用自己的语言描述所看到的现象，并记录下来。这样可以培养学生的观察力和表述能力。

### （三）实验过程和结果分析

通过实验，学生可以了解到化学现象背后的化学反应和机制。他们可以通过查阅资料、小组讨论等方式，自己尝试去解答最初提出的问题，比如"这个现象是如何产生的？""这个现象可以应用在哪些方面？"等。

### （四）知识的拓展和应用

在理解了化学现象的基础上，学生们可以进行拓展研究，了解该化学现象在日常生活和其他领域中的应用。这将帮助他们理解化学知识的重要性和实用性。

### （五）分享和讨论

教师鼓励学生分享他们在探究过程中的发现和感想，也可以组织小组讨论，让学生集思广益，互相学习。这不仅可以锻炼他们的表达和交流能力，也可以促进他们对知识的深入理解和反思。

### （六）教师的作用

在整个过程中，教师需要起到引导和答疑解惑的作用，同时也要鼓励学生发挥自己的想象力和创新精神。教师可以根据实际情况调整教学策略，确保学生们能够通过这个过程提高科学素养和探究能力。

## 三、山区生活中常见的化学现象及其解释

山区中的许多自然和社会现象都可以用初中化学理论来解释。通过观察、思考和运用化学知识，学生可以更好地理解这些现象。这些知识不仅能增进学生对化学的理解，同时也能够帮助学生更好地理解和欣赏山区自然和社会现象的奇妙之处。

## （一）水的净化

在山区，雨水或河水往往含有大量的矿物质和微生物，如要饮用这些水，需要一定的净化处理。初中的化学知识告诉我们，水通过明矾或沙子等物质进行初步的沉淀和净化，这主要是利用了明矾或沙子等物质的吸附性。

明矾是一种常用的净水剂，它溶解于水后生成的胶状物可以吸附水中的悬浮杂质并将其沉降下来。沙子等物质的吸附性也是利用其表面的不规则结构和多孔性来捕捉水中的杂质。

然后，人们通过加入氯或紫外线等方法进行消毒，杀死水中的微生物，确保饮用水的安全性。紫外线消毒的原理主要是破坏微生物的 DNA 结构，使其无法繁殖。

## （二）食物变质

在山区，由于温度和湿度的影响，食物更容易变质。这是因为细菌和霉菌等微生物在适宜的温度和湿度下会迅速繁殖，消耗食物中的营养物质，导致食物变质。这是初中生物知识中关于微生物生长条件的一个典型应用。

以细菌为例，细菌的生长需要适宜的温度和湿度，还需要营养物质。在适宜的条件下，细菌会迅速繁殖，消耗食物中的营养物质并产生有害的代谢产物，导致食物变质。细菌生长导致食物变质的机制很复杂，涉及多种酶和代谢途径。

## （三）金属的腐蚀与防护

在山区，许多金属制品（如炊具、剪刀等）都容易受到腐蚀。这是因为金属与空气中的氧气发生了氧化反应。为了防止金属的腐蚀，可以使用一些防锈涂料或油，这可以形成一层保护膜，阻止金属与氧气接触。这是初中化学中关于金属氧化反应的基础知识的应用。

金属的腐蚀主要是金属与氧气发生氧化反应导致的。例如铁在与氧气和水接触时会发生如下反应：

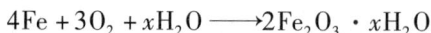

$$4Fe + 3O_2 + xH_2O \longrightarrow 2Fe_2O_3 \cdot xH_2O$$

防锈涂料或油可以形成一层保护膜，阻止氧气与金属接触，从而防止金属腐蚀。

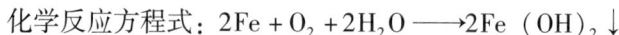

化学反应方程式：$2Fe + O_2 + 2H_2O \longrightarrow 2Fe(OH)_2 \downarrow$

### （四）火柴燃烧

火柴是山区中常见的取火工具。当火柴头与粗糙的纸摩擦时，火柴头上的氯酸钾被摩擦产生的热量引燃，发生氧化还原反应，产生火焰。这是初中化学中氧化还原反应的实例。

氯酸钾在摩擦产生的热量下分解产生氧气：

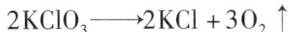

$$2KClO_3 \longrightarrow 2KCl + 3O_2 \uparrow$$

氧气与火柴盒侧面的磷片发生燃烧反应产生火焰：

$$4P + 5O_2 \longrightarrow 2P_2O_5$$

化学反应方程式：

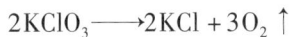

$$2KClO_3 \longrightarrow 2KCl + 3O_2 \uparrow$$

$$4P + 5O_2 \longrightarrow 2P_2O_5$$

### （五）水垢的形成

山区的水往往含有大量的钙和镁等金属离子。当这样的水在高温下长时间加热时，水中的钙离子和镁离子会与水中的碳酸根离子结合形成水垢。这是因为钙和镁的离子半径与碳酸根离子相近，可以形成稳定的化合物。

在高温下钙离子和镁离子与碳酸根离子结合形成碳酸钙和碳酸镁沉淀：

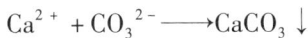

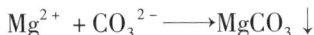

$$Ca^{2+} + CO_3^{2-} \longrightarrow CaCO_3 \downarrow$$

$$Mg^{2+} + CO_3^{2-} \longrightarrow MgCO_3 \downarrow$$

如果同时存在钙离子和碳酸根离子时，则生成碳酸钙和碳酸镁混合物，形成水垢。

### 案例十四：水垢的清理

1. 课标分析

课标要求初中生能运用学到的化学知识，来解决生活中的实际问题。在本活动中，学生将通过探究学习，理解水垢的形成原因，学习如何用化学方法去除水垢，从而培养他们在生活中运用化学知识解决问题的能力。

2. 教材分析

本活动是在学习了水的组成、硬水和软水、溶液等知识后，结合生活中的实际问题，如水壶和热水瓶中形成的水垢，引导学生进一步运用所学的化学知识，探究水垢的成分和清理方法。

3. 学情分析

初中生已经具备了一定的化学基础知识,也具备了一定的观察、实验和思考问题的能力,但他们的这些能力还需要在具体的实践中不断培养和提高。他们对生活中的化学现象充满好奇,本活动将通过他们熟悉的生活场景,引导他们运用所学知识解决实际问题。

4. 教学目标

理解水垢的形成原因;学习并掌握清理水垢的方法;培养学生的观察能力、实验能力和科学探究能力;让学生感受到化学知识在生活中的实际应用价值。

5. 教学重难点

通过实验探究,理解水垢的成分和形成原因;学习并掌握清理水垢的具体方法;通过实践活动,培养学生的观察能力、实验能力和科学探究能力。

6. 问题情境设计

在日常生活中,人们会发现水壶里经常会出现一层难以清除的水垢。这个现象在山区更为严重,因为那里的水往往含有更多的矿物质。那么,这些水垢对人们的生活和健康有影响吗?人们应该如何科学地清理这些水垢呢?这就是我们今天要探讨的问题。

7. 化学原理分析

要了解水垢的形成过程,我们需要深入化学层面。水垢是由硬水中的矿物质与碳酸根离子反应形成的。这些矿物质主要包括钙离子和镁离子,它们在水中以碳酸钙和碳酸镁的形式存在。当这些含有矿物质的硬水被加热时,碳酸钙和碳酸镁会与水中的碳酸根离子反应,生成碳酸氢钙和碳酸氢镁。这些物质在水中溶解度较高,但当水温降低时,它们会从水中沉淀出来,附着在水壶等用具的表面,形成我们看到的水垢。此外,水垢的形成还与水的硬度有关,硬度越高的水越容易形成水垢。

8. 清理方法介绍

了解了水垢的化学原理后,我们来探讨如何清理这些烦人的水垢。常见的清理方法主要有两种:化学清洗和物理清洗。

(1) 化学清洗:主要是借助一些化学药品与水垢中的成分发生反应,从而达到清理效果。比如,我们可以用醋或柠檬酸等弱酸性的化学制剂,与水垢中的碳酸钙和碳酸镁发生反应,使它们分解并溶于水中。这个方法的优点是操作简单且效果明显,但需要注意的是,如果清洗不当,这些化学药品可能会对水壶等用具造成一定程度的腐蚀。因此,我们使用化学清洗时一定要遵循正确的操作步骤。

（2）物理清洗：是通过物理方法如机械摩擦或超声波振动等，使水垢层逐渐被磨损或震动脱落。例如，我们可以使用钢丝球或专用的水垢清洁刷进行摩擦清洗，或者使用超声波清洗设备进行震动清洗。这种方法的优点是安全，不会对器具造成损害，但需要一定的时间和力量去操作。

这两种方法各有优缺点，我们可以根据实际情况选择合适的清理方法。

9. 成分分析

清理完水垢后，我们可以对水垢的成分进行分析。一般来说，水垢的主要成分是碳酸钙和碳酸镁，这是由硬水中的矿物质（主要是钙离子和镁离子）与水中的碳酸根离子反应生成的。此外，水垢中还可能含有一些其他杂质，如硅酸钙、磷酸钙等。这些物质在高温下不易溶解，长期积累就会形成厚厚的水垢。

10. 对人体健康的影响

虽然水垢的主要成分碳酸钙和碳酸镁本身对人体并无太大危害，但长期饮用含有大量水垢的水可能会影响胃肠道消化吸收功能，导致便秘、腹胀等问题。此外，水垢中的一些杂质还可能对肾功能产生一定影响。因此长期饮用含有大量水垢的水可能不利于人体的健康。

11. 探究活动总结

通过本次活动，我们不仅深入了解了水垢的化学原理和清理方法，还对水垢的成分及对人体健康的影响有了更清晰的认识。我们可以根据实际情况选择合适的清理方法来确保饮用水的清洁和安全。我们要注意水的质量问题，尽量选择经过净化处理的水源，以保障我们的身体健康。教师可建议定期检查水源质量并经常清理过滤器，以避免水中杂质的积聚。

# 第五章　山区初中真实问题情境教学设计下化学育人思考

在山区初中，我们可以通过真实问题情境教学设计来引导学生们关注生活中的化学现象，将化学原理应用于解决实际问题中，并关注化学与社会的联系。通过这种方式，我们可以培养学生的化学素养和解决问题的能力，充分发挥化学的育人作用。例如，我们可以引入水垢的形成和清除方法来让学生们了解化学反应和物质变化等化学原理；通过野外用火、废旧电池处理和化肥使用等实际问题，引入氧化还原反应、金属腐蚀等化学原理来让学生们运用所学知识；通过环境保护、能源利用等化学原理来让学生了解化学在解决社会问题中的作用和价值。通过科学的教学设计，我们可以将山区初中的真实问题情境转化为化学问题，从而培养出具备化学素养和解决问题能力的学生。

# 第一节　问题情境引领学生思考探索

问题情境是指教师通过设置一系列有挑战性的问题，引领学生思考、探索、解决问题的教学过程。在山区初中化学的教学中，问题情境的创设应注重真实性、探究性、开放性，以培养学生独立思考、创新实践的能力。问题情境的设计应该紧密围绕化学学科的核心概念和原理，结合山区初中的实际情况，从学生已有的知识经验出发，选择贴近学生生活、生产实际的具体问题，引导学生运用所学化学知识去分析、解决问题。

## 一、问题情境教学提升山区初中化学教学质量

在当前素质教育的大背景下，如何创设问题情境才能最大程度地激发学生的学习兴趣，以及如何能更贴合学生的生活实际和思想认识实际已成为教师们

深入研究和探讨的重要问题。在初中化学教学中，教师需要充分认识到问题情境创设的重要性，并且根据学生的学情和具体的教学内容，将抽象的化学知识巧妙地融入生动有趣、形式丰富的问题情境之中。这样可以激发学生的情感体验，充分利用他们的好奇心，引导他们积极思考和主动探索，从而达成初中化学的有效教学。

### （一）依托趣味现象创设问题情境，提高课堂教学吸引力

教师通过演示实验中的趣味现象，可以迅速吸引学生的注意力，引发他们的探究兴趣。例如，在"燃烧和灭火"这一课的导入环节，教师通过展示装水塑料袋燃烧的实验，这种与常识——"燃烧需要可燃物与氧气接触"相违背的现象立刻引发了学生的好奇心，激发了他们的探究欲望。

通过趣味现象，教师可以自然地引入新课内容。例如，在上述燃烧和灭火的教学中，通过引导学生思考"为什么装水的塑料袋用火烧不破"，引出燃烧所需的基本条件，自然而然地进入了新课教学。

通过趣味现象，教师可以引导学生积极思考现象背后的化学原理，培养他们的科学思维能力和解决问题的能力。例如，在上述燃烧和灭火的教学中，教师通过引导学生思考燃烧的条件和灭火的方法，让他们在解决问题的过程中学习新知识。

### （二）立足生活实际创设问题情境，感悟化学学习的重要性

教师通过将化学知识与学生日常生活相联系，可以拉近化学与学生之间的距离。例如，在"溶解度"这一课中，通过生活中的食盐和油的溶解现象，引导学生对溶解度进行思考，使他们意识到化学知识与他们的生活息息相关。

教师通过生活化的问题情境，可以让学生在学习化学知识的同时锻炼应用能力。例如，在"二氧化碳的性质"这一课中，教师通过引入一对父子下地窖捡红薯不幸遇难的事例，让学生思考如何运用所学的化学知识预防此类事件的发生。这种方式不仅可以让学生更好地理解化学知识，还培养了他们在生活中运用化学知识解决问题的能力。

### （三）基于实验探究创设问题情境，发挥学生学习主体性

化学实验是化学教学的重要组成部分，实验探究可以帮助学生更好地理解和掌握化学知识，同时还可以培养学生的观察能力、思维能力和动手能力。因此，在初中化学教学中，教师应通过实验探究创设问题情境，引导学生亲历化

学知识的形成过程，发挥学生学习的主体性，实现教学相长。

教师可以先向学生介绍实验室常用的制取氧气的方法，并出示相关的化学方程式，让学生对制取氧气的反应有一个基本的了解。然后，教师可以根据教学内容和教学目标，通过问题情境的创设，引导学生自主探究制取氧气的实验过程，并让学生以小组为单位进行交流讨论和实验操作。例如，教师可以提出以下问题：

问题一：上述反应中都出现了二氧化锰，有什么不同？

问题二：为什么分解过氧化氢溶液制取氧气要加入二氧化锰？它在其中起到了什么作用？

这些问题可以引导学生对实验中的化学反应和物质性质进行深入的思考和分析，并激发他们的探究欲望。接着，教师可以让学生自主选择实验用具，设计实验方案，以对本组的猜想进行验证。在这期间，教师可以对各小组实验过程中遇到的问题予以针对性的指导点拨，以便为学生的探究性学习扫清障碍。

通过这种方式，学生可以在实验探究的过程中自主发现和解决问题，从而更好地理解和掌握化学知识。同时，实验探究还可以培养学生的观察能力、思维能力和动手能力，以及团队协作和科学精神的有效培养。

### (四) 情境中包含问题，引领学生思考探索

情境是化学原理形成过程的再现，虽说体系较为完整，却终究只是教师的传授，要做到教师传授的同时学生接受，这就需要教师在简述情境的同时提出问题。情境中的问题要根据教学目标具有一定的方向性、目的性和引导性。其主要的作用是引发学生的思考，保证学生在上课过程中处于思考状态。

提出的问题首先要难度适宜，符合全班学生的学习水平。太简单的问题无法引起学生的思考和兴趣，而太难的问题则可能会使学生感到困惑和畏惧。最好是学生似有所得却始终不得要领，这可以提高其求解的积极性。随着教学情境的深入，问题的答案逐渐呼之欲出，这让学生觉得有所收获，进而更加积极地参与课堂活动。

在"酸和碱的反应"这一课中，教师可以先通过一个实验演示酸和碱反应的过程。这个情境可以让学生直观地了解到酸和碱反应的过程，激发他们的学习兴趣。然后，教师可以根据情境中的内容，提出一系列问题。例如：

问题一：酸和碱反应的化学方程式是什么？

问题二：酸和碱反应会生成什么？

问题三：在日常生活中酸和碱反应的应用有哪些？

问题四：酸和碱反应是否符合质量守恒定律？

这些问题具有一定的难度，需要学生对情境中所展示的内容进行思考和分析。同时，这些问题也具有明确的方向性，紧扣教学目标，引领学生深入思考酸和碱反应的相关知识。

接着，教师可以让学生带着这些问题去阅读教材，或者进行实验探究，寻找答案。在这个过程中，学生不仅获取了知识，还锻炼了思考能力和动手能力。

在结束时，教师可以在全班范围内进行讨论和总结，让所有学生都参与到问题的回答和讨论中来。教师通过这种方式，可以增强学生的参与度和积极性，使他们在愉快的学习氛围中掌握知识。

## 二、山区初中利用问题情境教学引领学生成长

真实问题情境教学在山区初中化学教学中具有重要意义。教师通过引入实际生产生活中的真实问题、借助实验手段模拟真实问题情境以及开展研究性学习活动等方式，可以激发学生的学习兴趣和动力、提高学生的理解和应用能力以及培养学生的探究精神和创新能力。同时，教师需要提高自身的专业素养，不断探索适合山区学生的教学方法和手段，为山区学生提供更好的教育资源和服务。

### （一）重要性

1. 促进学生对于化学知识的理解和掌握

真实问题情境教学通过将化学知识融入具体的问题中，使学生能够在解决实际问题的过程中理解和掌握化学知识。这样的教学方式能够激发学生的学习兴趣，提高他们的学习动力，使其更好地理解和掌握化学知识。

2. 培养学生的创新思维和实践能力

真实问题情境教学注重学生的主动性和探究精神，让学生在实际操作中观察和发现问题，并运用所学知识解决问题。这样的教学方式有助于培养学生的创新思维和实践能力，让学生在学习过程中逐渐成长为具有创新精神和实践能力的人才。

3. 促进化学教学的改革和创新

真实问题情境教学是一种先进的教学方法，它能够促进山区初中化学教学

的改革和创新。通过引入真实问题情境教学，山区初中可以逐步转变传统的教学模式，将教学重点放在培养学生的创新思维和实践能力上，从而推动化学教学的改革和创新。

**（二）具体做法**

1. 引入实际生产生活中的真实问题

（1）寻找日常生活中的化学现象。

山区初中可以引导学生关注日常生活中的化学现象，例如食品添加剂的作用，为何石灰可以防止食品腐烂，如何利用化学知识提高农作物的产量等，让学生更加了解化学在日常生活中的应用，激发他们的学习兴趣。

（2）与当地企业合作。

山区可能有一些企业或工厂，学校可以与这些企业或工厂合作，引入实际生产中的真实问题，例如工艺流程的控制、新材料的研发等，让学生更加深入地了解化学在实际生产中的应用，培养他们的实践能力和创新思维。

2. 借助实验手段模拟真实问题情境

（1）设计实验解决问题。

在实验中，教师可以引导学生自主设计实验方案、解决问题。例如，在讲解"物质的分离和提纯"这一实验时，教师可以引入如何从山区的植物中提取有效成分这一问题，让学生自主设计实验方案，通过实验操作探究相关知识和原理，提高他们的实验操作能力和应用能力。

（2）借助实验仪器解决问题。

由于山区初中实验室的设备条件较落后，教师可以引导学生利用生活中的常见用品和废弃物制成简易的实验仪器，或寻找平价的实验仪器的替代品。例如，在学习化学药品的取用时，固体药品、液体药品的取用是初中化学实验的基本操作，今后的任何实验都离不开这些基本操作。因此，教师可以引导学生亲自动手制作实验仪器，如利用废弃的一次性医用注射器代替滴管，藿香正气液或葡萄糖口服液空瓶代替试管，家里不用的勺子代替药匙等。教师通过这种方式可以提高学生的动手能力和解决问题的能力。

3. 开展研究性学习活动

（1）设计研究课题。

教师可以引导学生自主设计研究课题，例如如何利用化学知识提高山区农业生产效率，如何利用化学手段保护山区生态环境等。学生可以自主选择自己感兴趣的课题进行研究，通过查阅资料、实验验证等方式得出结论。这样可以培养学生的探究精神和创新能力。

（2）开展课题研究。

学生可以根据自己选择的课题进行研究。在研究过程中，学生需要设计实验方案、进行实验操作、记录实验数据、分析实验结果、得出结论等。这些过程可以培养学生的科学素养和实践能力。同时，教师需要给予学生必要的指导和帮助，确保学生的研究过程符合规范和要求。

### 案例十五：山区土壤酸碱性的检测与分析

在山区，初中生们每天都可以看到大片的土地和山林，但他们可能从未真正理解过这些土地的特性。然而，学习了化学之后，他们能够了解到土壤酸碱性的概念，这让他们对土地有了更深入的认识。在了解土壤酸碱性的过程中，学生也了解到酸性和碱性土壤对植物生长的影响。他们会发现不同的植物对于土壤酸碱性的需求是不同的。有些植物喜欢在酸性土壤中生长，而有些植物则更适合在碱性土壤中生长。如果土壤的酸碱性不适合某种植物的生长，那么这种植物就很难茁壮成长。此外，学生还了解到如何通过调节土壤酸碱性来促进植物的生长。他们了解到一些肥料可以改变土壤的酸碱性，比如石灰可以用来降低土壤的酸性，而硫黄则可以用来提高土壤的酸性。这些知识让他们对农业有了更深入的了解，也让他们更加敬佩农民和农业工作者的辛勤付出。在学习了土壤酸碱性的知识之后，学生也开始思考如何应用这些知识来改善他们的生活。他们开始关注自己家中种植的植物是否适合自己家的土壤，也开始思考如何通过施用适当的肥料来改善土壤的质量。这些思考让学生更加关注自然环境，也让他们更加懂得珍惜自然资源。

1. 课标分析

课标要求初中生应能对生活中的实际问题进行初步的探究、提出假设、设计实验方案、进行实验、收集证据、解释现象和得出结论。在本活动中，学生将通过探究学习，了解土壤酸碱性的基本概念，掌握测定土壤酸碱性的方法，培养他们的科学探究能力和实践能力。

2. 教材分析

本活动是在学生学习了酸碱性质、酸碱指示剂等知识后，结合生活中的实际问题，如了解山区土壤的酸碱性，引导学生进一步运用所学化学知识，探究土壤酸碱性的测定方法。

3. 学情分析

初中生已经具备了一定的化学基础知识，也具备了一定的观察、实验和思考问题的能力，但他们的这些能力还需要在具体的实践中不断培养和提高。他们对生活中的化学现象充满好奇，本活动将通过他们熟悉的生活场景，引导他们运用所学知识解决实际问题。

4. 教学目标

理解土壤酸碱性的概念及其对农作物生长的影响；学习并掌握测定土壤酸碱性的基本方法；培养学生的观察能力、实验能力和科学探究能力；让学生感受到化学知识在生活中的实际应用价值。

5. 教学重难点

通过实验探究，理解土壤酸碱性的概念及其对农作物生长的影响；学习并掌握测定土壤酸碱性的基本方法；能正确使用酸碱指示剂进行土壤酸碱性的测定；通过实践活动，培养学生的观察能力、实验能力和科学探究能力。

6. 教学过程

（1）主题引入。

在山区土壤酸碱性的检测与分析这一主题中，教师可以引导学生思考为什么土壤的酸碱性对植物的生长环境很重要，为什么我们要对土壤的酸碱性进行检测，如何操作。通过这些问题的引入，可以激发学生对这一主题的好奇心和兴趣，从而更好地投入学习中。

（2）知识点讲解。

在讲解知识点的过程中，教师可以从以下几个方面展开：

①土壤的组成成分。介绍土壤的组成成分，包括矿物质、有机质、水分和空气等，并强调土壤酸碱性的重要性。

②土壤酸碱性的概念。通过具体的例子让学生了解什么是土壤的酸性和碱性，以及酸性和碱性的范围。

③土壤酸碱性的影响。讲解土壤酸碱性对植物生长的影响，包括促进或抑制植物的生长、影响植物的吸收和代谢等。

④常见土壤酸碱性的分类。展示不同酸碱性的土壤图片，让学生了解不同酸碱性的土壤颜色和质地，进一步加深学生对土壤酸碱性的认识。

（3）实践操作。

为了让学生更好地掌握土壤酸碱性的检测方法，教师可以安排学生进行实践操作。具体步骤如下：

①分组。将学生分成小组，每组 5 ~ 6 人，这样可以让学生在实践中更好地合作。

②准备材料。为每组学生准备足够的试纸、杯子、滴管、土壤样本等，确

保每个学生都有机会参与实践操作。

③实验操作。让学生按照教师讲解的步骤，通过试纸法检测不同土壤样本的酸碱性，并记录实验结果。在这个过程中，学生可以更好地了解试纸法检测土壤酸碱性的原理和方法。

④结果分析。让学生根据实验结果，分析不同土壤样本的酸碱性对植物生长的影响，并讨论如何在不同酸碱性的土壤中种植适合的作物。这样可以让学生更好地理解所学知识，并将其应用到实践中。

（4）课堂练习。

为了巩固学生对土壤酸碱性的理解，教师可以设置一些实际问题让学生进行讨论和回答。例如：①为什么在种植作物前要检测土壤的酸碱性？该问题可以让学生更好地理解土壤酸碱性对植物生长的影响。②如果某种作物在酸性土壤中生长不良，你会建议在同一块土地上种植什么作物？该问题可以让学生更好地理解不同作物对土壤酸碱性的需求。③如果你发现一块土地的酸碱性不适合种植任何作物，你会怎样改良它的酸碱性？该问题可以让学生了解如何调节土壤酸碱性，提高作物的生长状况。

通过让学生处理这些问题，教师可以检验学生对土壤酸碱性的理解程度和应用能力，同时也可以帮助学生将所学知识应用到实际生活中，提升他们的解决问题能力。

7. 总结与拓展

在课程结束时，教师进行总结，概括本节课的重点内容，并再次强调土壤酸碱性的重要性以及其对植物生长的影响。此外，教师还可以拓展一些与土壤酸碱性相关的延伸知识，例如，如何通过施用肥料来调节土壤酸碱性，不同植物对土壤酸碱性的需求等。这样不仅可以拓宽学生的知识面，还能激发他们对自然科学的兴趣和探究精神。

8. 课后作业

为了加深学生对课堂内容的理解，教师可以布置以下课后作业：

（1）要求学生回家后设计一张表格，列出自己家中或学校附近常见的植物及其适宜的土壤酸碱性范围。这样可以让学生更好地理解不同植物对土壤酸碱性的需求。

（2）让学生选择一种不适宜在酸性土壤中生长的作物（如茶树），并探究如何通过改良土壤酸碱性来提高该作物的生长状况。学生需要在作业中详细描述自己的探究计划和预期结果，这样可以让学生更好地理解如何调节土壤酸碱性来提高作物的生长状况，同时也能培养他们的探究精神和创新能力。

# 第二节　跨学科的真实问题情境创设

受限于传统教育思想，长期以来我国学校教育都是以学科区分，各学科独立教学为主，虽然这样的教学模式能够凸显各学科的重点，强化学生对学科知识的理解和掌握，但一旦学生习惯于这种刻意分类的学习方式，在学科学习的过程中，会忽视学科知识之间的关联，学习方式也会更趋向于割裂，不利于整体学习能力的提升。而随着新课程教育改革的持续深化，越来越多的教育者开始意识到这种学科分裂式教学的弊端，并纷纷应用跨学科整合思维进行学科综合教学。面对全新的教学形势，初中化学教师也应加强对跨学科教学理论的研究，准确把握跨学科教学的要点，积极开展跨学科教学活动，引导学生将不同学科知识进行融合，拓展化学学科思维，提升化学学习水平。

## 一、跨学科整合的概念及意义

跨学科整合是一种创新型的教学策略，它通过在学科教学活动中引入其他学科的知识原理和思想方法，以实现对本学科知识的深入理解和应用。这种教学方法打破了传统分科教学的限制，强调不同学科之间的联系和互动，有助于拓宽学生的学科视野，提高他们的综合素质。

在具体的学科教学活动中，跨学科整合可以通过多种方式实现。例如，教师可以引导学生运用其他学科的知识去解释本学科的现象或原理，帮助学生从多角度理解和掌握知识。这种方式能够在很大程度上提高学生对本学科知识的认知和理解，同时也能促进不同学科知识的融会贯通。

现代认知学中的相关理论也支持跨学科整合教学的有效性和必要性。这些理论认为，知识在时间和空间上存在强烈的互补性。具体来说，一方面，同一类型的知识在不同阶段的学习中具有互补性。例如，初中化学和高中化学之间存在密切的联系，初中化学是高中化学的基础，而高中化学则是初中化学的深化和拓展。通过跨学科整合，教师可以帮助学生建立不同阶段知识之间的联系，形成完整的知识体系。另一方面，不同类型的知识之间也存在互补性。这主要是指不同学科之间的联系和互动。例如，化学与数学、物理等学科之间存在密切的联系，很多化学问题的解决需要数学、物理等学科的知识支持。通过跨学科整合，教师可以引导学生运用不同学科的知识去解决化学问题，促进不同学科知识的交叉融合。

总的来说，跨学科整合教学是一种具有深远意义的教学策略。教师通过引导学生运用不同学科的知识去思考和探究本学科的问题，能够有效地拓展学生的学科思维，提高他们对本学科知识的认知和理解。同时，这种教学方式也能够促进学生实现不同学科知识的融会贯通，提高他们的知识迁移和应用能力。在这样的教学策略下，学生不仅能够获得更全面的知识视野，还能够发展出更强的综合素质和创新能力。因此，初中化学教师应当积极探索和实践跨学科整合教学，以适应新时代教育改革的要求，培养出更多具有创新精神和实践能力的人才。

## 二、跨学科整合在初中化学教学中的应用现状

跨学科整合在初中化学教学中的应用可以帮助学生更好地理解化学知识，并培养他们的综合思维能力。教师通过将化学知识与数学、物理、生物等其他学科的知识进行联系和整合，可以让学生更全面地理解化学的本质，并提高他们的问题解决能力和科学素养。例如，化学反应的平衡可以与数学中的比例和平衡公式进行整合；化学中的分子结构和性质可以与物理中的量子理论和力学理论进行联系；化学中的元素和化合物可以与生物中的有机物和能量代谢过程进行整合。这些跨学科的整合可以帮助学生建立更完整的知识体系，提高他们的综合能力和未来的竞争力。

### （一）跨学科意识薄弱

基于跨学科整合的初中化学教学能够促使学生将不同学科知识进行整合，实现知识互补，拓宽学生的学科思维，提升学生化学学习水平。不过，受限于传统教育思想，初中化学教师的跨学科意识薄弱。在当前化学教学中，教师往往会将化学教学与其他学科割裂开来，导致学生在化学学习过程中难以实现不同学科知识之间的纵向关联，限制学科思维的拓展，降低学习成效。

### （二）跨学科整合能力不足

跨学科整合教学的核心在于利用不同学科的知识原理和方法，对本学科知识进行阐述，达到由浅入深的教育效果。因而在基于跨学科整合的初中化学教

学中，教师需要根据教学内容和学生的知识基础，选择合适的学科及学科知识点进行整合。这就要求初中化学教师不仅需要具备扎实的学科知识基础，还需要加强对其他学科知识的研究。但在当前初中化学跨学科教学活动中，教师的学科整合能力有限，所选择的学科知识和教育资源不够合理。不仅不利于学生对化学知识的认知与理解，还会加重学生的学习负担，降低学生进行跨学科学习的积极性。

## 三、基于问题情境创设的跨学科整合案例分析

跨学科整合在初中化学教学中有着显著的应用优势，下面主要基于地理、生物和化学三个学科在核心素养上的相同性，将"水与生活"作为课题，就跨学科整合下的初中化学教学进行具体分析：

### （一）教学背景分析

"水"这一概念在初中地理、生物和化学课程中都有涉及，其中地理学科通过对河流、自然界中的水循环、降水等内容的分析，让学生对自然界中的水资源形成直观认知；生物学科中通过对生物圈水循环、水对动植物生存的重要性等知识点，让学生了解到植物与水之间的关系；化学学科中通过水资源净化原理等知识，让学生学会正确使用水资源。由此可以看出，这三个学科在"水"这一概念上存在相通性。在初中化学教学中，可以将三个学科相结合，将"水和生活"作为主题，引导学生从不同学科角度，对水资源进行思考和探究。

通过对学生知识基础和学习能力的分析可以发现，学生已经掌握了与水相关的单科知识概念，如蒸腾作用，但由于缺乏跨学科整合意识，在面对生活中的实际问题时，难以协调其他学科知识对问题进行系统化分析和解决。因而在跨学科整合的化学教学中，教师应引导学生建立起跨学科意识，促使学生灵活调动不同学科知识以提升问题解决能力。

### （二）跨学科整合教学目标设定

在基于跨学科整合的初中化学教学中，教师应根据学生的知识基础和认知水平，制定科学的跨学科教学目标。在"水与生活"的跨学科教学设计中，教师需要充分考虑学生在化学、生物和地理学科学习中所积累的知识经验和学习经验，优化跨学科教学目标，比如教师可以将跨学科目标设置为：

1．水的价值

教师通过跨学科教学，引导学生从不同学科角度分析水资源的作用和功能，让学生了解到水资源的重要性。

（1）化学角度。

水是生命之源，是所有生物体内最丰富的物质之一。它参与了生物体内几乎所有的生化反应，对于维持生物体的生命活动起着至关重要的作用。

（2）地理角度。

水是地球上最重要的资源之一，它不仅满足了人类饮用、工业和农业等使用需求，还在自然环境中扮演着重要角色。水是地球上的气候、洋流、河流等自然现象的基础，对于人类的生产生活有着极大的影响。

（3）生物学角度。

水是细胞内含量最多的物质之一。它是细胞结构的主要组成成分之一，也是细胞内各种生化反应的介质，还参与了动物的呼吸作用和植物的光合作用等重要生理功能。

通过对三个学科关于水的知识整合，我们可以发现水资源对于人类和地球的重要性。

2．水的危害

教师通过跨学科教学，引导学生分析水旱灾害形成的原因，使学生了解水资源虽然是人类赖以生存的资源，但也会给人类带来灾害。

（1）地理角度。

水旱灾害是指水资源的异常变化对人类社会、经济和环境造成的自然灾害。水旱灾害的形成原因是多方面的，其中包括气候变化、地势地貌、人类活动等因素的影响。例如，全球变暖导致极端气候事件增多，城市化进程加快使地面硬化和排水不畅等，都可能导致水旱灾害的发生。

（2）生物学角度。

水旱灾害对生态环境和生物多样性产生了严重影响。例如，干旱会导致植物生长受阻、土地荒漠化等问题；洪涝会导致河流生态系统崩溃、土壤盐碱化等问题。此外，水旱灾害还会对人类健康和社会经济产生影响，如疾病的传播、农业减产、交通中断等。

（3）化学角度。

水的化学性质对水旱灾害的形成也有一定的影响。例如，水的酸碱度可能影响土壤的性质和水体的自净能力；水中含有过多或过少的矿物质可能导致土地盐碱化和水中生物死亡等问题。

通过对三个学科关于水旱灾害的知识整合，我们可以更好地理解水资源的重要性和自然灾害之间的联系。

### (三) 跨学科整合教学流程的优化

在基于跨学科整合的初中化学教学中，教师需要对教学流程进行优化设计。首先，教师需要根据跨学科整合教学特征和核心素养培养需求，明确跨学科教学的目标。在此基础上，教师需要从不同学科角度出发，设计问题情境，引导学生自主探究。其次，教师需要根据学生的知识基础和兴趣爱好，设计问题情境，激活学生已有知识经验，积极参与学习过程。再次，教师还可以根据教学内容，设计驱动性问题，启发学生思维，促使学生从不同学科角度对教学内容进行思考和分析。最后，教师需要根据驱动性问题，设计实践活动，进一步强化学生对教学内容的认知。通过以上几个方面的优化设计，教师可以有效地促进学生的跨学科知识整合和能力提升。

#### 1. 探讨与水相关的灾害

水是人类赖以生存的自然资源之一，但是水过多或过少都会给我们的生活带来很多麻烦。请你想想，生活中哪些灾害与水有关？学生可能会回答：洪涝、水灾、干旱等。此时，教师可以进一步提问：从地理学科角度来看，哪些因素可能会导致一个地区频繁发生洪涝灾害？学生可能会想到气候、地形、河流等方面。教师追问：以北京地区为例，请同学们根据地理学科知识分析北京城区容易发生洪涝灾害的原因是什么？学生可能会回答：气候、地形、河流等。此时，教师还可以引导学生进一步思考：除了洪涝灾害外，生活中还可能发生哪些与水相关的灾害？学生可能会回答：水灾、干旱等。接着教师继续提问引导：北京地区除了洪涝灾害外还容易发生哪些自然灾害？通过查阅资料和探究性学习后，学生会发现北京地区还容易出现旱灾。

#### 2. 如何减轻水旱灾害

我们已经知道洪涝和干旱都与我们的生活密切相关。那么我们应该如何减轻这些灾害的影响呢？教师可以组织学生开展探究性学习活动。例如：教师可以引导学生以小组为单位设计一个实验方案，探究绿色植物在缓解水旱灾害中的作用。在实验过程中，教师可以让学生从校园内选择几种常见的植物叶片，并将它们浸泡在水中一段时间后称重。随后，学生可以讨论植物的蓄水能力并分析其涵养水源的作用。通过这一系列活动，学生可以了解到绿色植物在保持水土方面的重要作用并减轻对水旱灾害的担忧。

3. 提升水资源利用率

我们如何提高水资源的利用率呢？在这里我们可以结合生活实际来思考。学生可能会想到采取一些措施来减少水的浪费和污染。此时，教师可以进一步提问：在生活中我们如何有效地利用水资源呢？学生可能会回答：洗菜水可以用来浇花、冲厕所等；雨水可以收集起来浇花、冲厕所等。接下来，教师可以引导学生设计一个简易净水器的制作方案并进行实践操作。在制作过程中，学生可以利用废旧的塑料瓶、沙子、活性炭等材料制作一个净水器装置。通过这一系列的活动，学生可以了解到水的净化方法并提高对水资源利用率的认知水平。

## 四、山区初中化学教学中培养学生跨学科意识的策略

培养山区初中学生跨学科意识需要教师在化学教学中注重与其他学科的交叉和融合，通过引入不同学科的知识和方法来帮助学生更好地理解化学知识，同时也可以促进学生对其他学科的理解和掌握，提高他们的综合素质和未来的竞争力。

在山区初中化学教学中培养跨学科意识具有重要的价值。教师通过将化学知识与其他学科的知识进行联系和整合，可以让学生更好地理解化学知识在实际生活中的应用和重要性，同时也可以促进学生对其他学科的理解和掌握，提高他们的学习兴趣和动力。此外，跨学科意识的培养可以让学生具有更广阔的视野和思路，教师通过将不同学科的知识进行融合和创新，可以激发学生的创新精神和创造力，培养他们的综合能力和素质。更重要的是，教师通过将化学知识与环境科学、社会科学等进行联系和整合，可以让学生更好地理解化学在解决实际问题中的应用，同时也可以增强学生的社会责任感和环保意识，让他们更加关注自然环境和社会发展。因此，在山区初中化学教学中培养学生的跨学科意识是非常必要的，其可以帮助学生更好地适应现代社会对人才的需求，促进他们的全面发展和未来竞争力。

### （一）强化化学与数学的结合

1. 引入数学工具

教师可以在化学教学中引入数学工具，例如图表、函数、数列等，来帮助学生更好地理解化学知识。例如，在讲解化学反应和化学平衡时，教师可以通

过绘制图表来展示化学反应与反应物浓度的关系，以及化学平衡的移动与外界条件的关系。

2. 化学中的数量关系

在化学中有很多数量关系和计算，例如化学计量、物质的量、摩尔质量等。教师可以帮助学生梳理这些数量关系，并帮助学生通过计算来加深对化学知识的理解。同时，数学中的逻辑思维和计算能力也可以帮助学生在化学学习中更好地应用这些知识和方法。

### (二) 促进化学与物理的融合

1. 化学与物理的结合

教师可以在化学教学中引入物理知识，例如力学理论、量子理论、电磁学等，来帮助学生更好地理解化学概念和现象。例如，在讲解原子结构和化学键时，教师可以通过引入量子力学和玻尔原子模型来帮助学生更好地理解原子的核外电子排布和化学键的形成。

2. 物质状态变化

化学中的物质状态变化常常涉及物理的热力学和力学理论。教师可以帮助学生掌握这些理论，并应用这些理论来解释化学中的现象。例如，在讲解物质的溶解和沉淀时，教师可以通过引入热力学第二定律和熵变的概念来帮助学生更好地理解溶解平衡和沉淀平衡。

### (三) 引导学生将化学与生物科学相联系

1. 生物化学基础

教师可以通过引入生物学知识，例如蛋白质、核酸、糖类等化合物的结构和性质，来帮助学生更好地理解生物体内的化学反应和生物学现象。例如，在讲解脂肪酸的生物合成时，教师可以通过引入生物学中的脂肪酸合成途径和合成原料来帮助学生更好地理解脂肪酸的生物合成过程和生物学意义。

2. 化学在生物科学中的应用

教师可以通过引入生物学案例，例如药物的设计和开发、基因工程、疫苗研制等，来帮助学生更好地理解化学在生物科学中的应用和重要性。例如，在讲解有机合成时，可以通过引入药物设计和开发中的合成路径和合成方法来帮助学生更好地理解有机合成在药物设计和开发中的应用。

### （四）注重化学与社会科学的联系

#### 1. 环境科学

教师可以通过引入环境科学中的案例，例如环境污染、环境保护、可持续发展等，来帮助学生更好地理解化学在环境科学中的应用和重要性。例如，在讲解水处理技术时，教师可以通过引入污水处理和污水回收利用的工艺流程和技术方法来帮助学生更好地理解水处理技术在实际生活中的应用和重要性。

#### 2. 材料科学

教师可以通过引入材料科学中的案例，例如新型材料、纳米材料、复合材料等，来帮助学生更好地理解化学在材料科学中的应用和重要性。例如，在讲解高分子材料的合成时，教师可以通过引入新型高分子材料的合成方法和应用领域来帮助学生更好地理解高分子材料在现代化工业和科技领域的应用和重要性。

### 案例十六：山区特色植物果汁制作

在山区，特色植物水果丰富多样，为初中生们提供了丰富的学习材料。利用化学生物知识，他们可以进一步探索这些特色植物水果的奥秘，制作特色果汁，提高自己的跨学科能力。

#### 1. 课标分析

课标要求学生能够掌握化学实验的基本方法和技能，培养学生的科学探究精神和创新能力。在本次实践探究活动中，学生将通过探究山区特色植物果汁的制作方法，了解植物的有效成分提取和化学实验的基本操作，进一步加深对化学知识的理解，提高实验技能和科学素养。

#### 2. 教材分析

本活动是在学习了化学实验基本操作、物质的分离与提纯、物质的性质与检验等知识后，结合山区特色植物资源，引导学生利用化学实验方法制作特色植物果汁，了解植物的有效成分提取和化学实验的基本操作，进一步拓宽学生的化学知识视野。

#### 3. 学情分析

初中生已经具备了一定的化学基础知识，掌握了一些基本的实验操作技能。同时他们对生活中的化学现象充满好奇，渴望通过实践活动了解化学知识在生活中的应用。因此，本活动将通过探究山区特色植物果汁的制作方法，进一步激发学生对化学实验的兴趣和热情。

### 4. 教学目标

掌握化学实验的基本操作方法和技能，能够独立完成实验；了解山区特色植物的有效成分，学会提取和分离果汁的方法；培养学生的科学探究精神和创新能力，提高学生对化学知识的兴趣和应用意识。

### 5. 教学重难点

掌握化学实验的基本操作方法和技能，能够独立完成实验；学会提取和分离果汁的方法，了解山区特色植物的有效成分；培养学生的科学探究精神和创新能力，提高学生对化学知识的兴趣和应用意识。

### 6. 教学过程

（1）问题提出。这个问题的提出旨在将化学和生物学的理论知识应用到实际生活中，深化学生对这些知识的理解，增强学生对这些知识的应用能力。问题可以细化为："如何确定合适的采摘时间和方法制作出品质优良的山区特色植物果汁？"这个问题需要学生运用化学和生物学的知识来找到答案，比如化学中物质的溶解性和相互作用，生物学中植物的生长发育和细胞结构等。

（2）方案设计。学生需要通过图书馆和网络等资源了解山区特色植物的种类、化学成分和生物学特性。然后，他们需要运用化学知识，比如物质的溶解性、物质的相互作用等，来确定合适的提取方法。同时，他们也需要运用生物学知识，比如植物的生长发育、植物的细胞结构等，来确定最佳的采摘时间和处理方法。学生可以制订一个全面的方案，包括采摘时间、植物处理方法、提取方法、果汁品质评价等。

（3）实验探究。学生可以设计实验，从不同时间采摘的植物中提取果汁，然后对这些果汁的口感、色泽、营养成分等进行比较和评价。在实验过程中，学生需要同时运用化学和生物学的实验技能，比如物质的称量、溶液的配制、植物细胞的破碎、过滤等。实验过程中，学生应记录并分析实验数据，以便进一步分析影响果汁品质的因素。

（4）结果分析。学生需要对实验结果进行分析，找出影响果汁品质的因素，比如植物的生长环境、采摘时间、提取方法等。在这个过程中，他们需要运用化学和生物学的理论知识，比如物质的酸碱性、物质的氧化性和还原性、植物细胞的液泡结构等。学生通过对结果的分析，可以更深入地理解化学和生物学理论知识在实际问题中的应用。

### 7. 总结与反思

学生需要进行总结和反思，将化学和生物学的理论知识应用到实际问题中，并形成一份完整的报告。在这个过程中，他们需要对实验过程和结果进行全面的反思，思考实验中存在的问题和不足，并提出改进意见。通过总结和反思，学生可以进一步巩固所学的化学和生物学理论知识，提高自己的实践能力和科学素养。此外，这种跨学科的问题情境实践探索也可以培养学生的创新精神和创造力。

　　总的来说，这种跨学科的问题情境实践探索不仅可以增强学生对化学和生物学的理解，提高他们的学习兴趣和动力，还可以培养他们的创新精神和创造力，提高他们的实践能力和科学素养。同时，这种活动也可以增强学生的社会责任感和环保意识，让他们更加关注自然环境和社会发展。

# 参考文献

［1］陈琦，刘儒德．当代教育心理学［M］．3 版．北京：北京师范大学出版社，2019.

［2］林德全，徐秀华．教学论［M］．郑州：河南大学出版社，2015.

［3］中华人民共和国教育部．义务教育化学课程标准：2022 年版［M］．北京：北京师范大学出版社，2022.

［4］江合佩．走向真实情境的化学教学研究［M］．福州：福建教育出版社，2020.

［5］刘炳华，范庆英．基于学科核心素养的初中化学教学设计［M］．苏州：苏州大学出版社，2017.

［6］沈冲．初中化学课程实施中"情境问题解决"的实践研究［D］．扬州：扬州大学，2022.

［7］查梅琴．如何在新课改下提升初中化学课堂教学质量［J］．科学咨询（教育科研），2020（12）：229.

［8］杨建刚．问题化教学在初中化学课堂中的应用探析［J］．科学咨询（科技·管理），2019（9）：178.

［9］梁卫宁．浅谈初中化学教学情境的营造［J］．学周刊，2019（22）：33.

［10］康永军，王荣华．基于问题解决教学促进初中生化学深度学习［J］．天津师范大学学报（基础教育版），2019，20（2）：34－38.

［11］欧水波．山区初中化学实验改进与创新的实践研究［J］．中学教学参考，2019（8）：73－74.

［12］张颜涛，李春玲．构建"初中化学实践活动课"教学模式的实践研究［J］．牡丹江教育学院学报，2019（1）：76－78.

［13］周冬冬，王磊．初中生化学学科核心素养和关键能力的追踪评价研究［J］．中国考试，2018（12）：25－32.

［14］黄文周．初中化学课堂教学师生有效互动方式探究［J］．现代教

育，2018（6）：61 - 62.

[15] 倪平．以初中化学教材为基础创设课堂情境的策略研究［J］．教育观察，2018，7（6）：43 - 44.

[16] 王愈．初中化学情境教学探讨［J］．西部素质教育，2016，2（11）：168，186.

[17] 单亚年．初中化学问题情境的创设探析［J］．现代教育，2015（12）：93.

[18] 韩美琴．培养学习兴趣是初中化学在偏远山区教学的有效途径［J］新教育时代电子杂志（学生版），2015（28）：143.

[19] 许成刚．初中化学教学情境创设存在问题及解决策略［J］．科学咨询（教育科研），2015（5）：34 - 35.

[20] 苏云星．新课改背景下，提高偏远山区初中化学课堂教学的有效习性探析［D］．成都：四川师范大学，2015.

[21] 丁凤丽．初中化学多媒体教学的合作学习问题探析［J］．中国教育技术装备，2015（5）：101 - 102.

[22] 牛素珍．观摩青山区初中化学教学能手、学科带头人比赛课的思考［J］．新课程（下），2014（4）：134 - 135.

[23] 吴利萍．初中化学如何进行探究式的教学［J］．科学大众（科学教育），2011（11）：34.

[24] 梁雪梅．论初中化学教学中学生探究能力［J］．教育教学论坛，2011（13）：155 - 156.

[25] 韩冬．浅谈在初中化学教学中的创设问题情境［J］．品牌（理论月刊），2010，23（12）：73 - 74.

[26] 李宁．浅谈初中化学教学中问题情景的创设［J］．科学咨询（教育科研），2008（12）：71.

[27] 宗月华．创设问题情境 引导学生积极思维：初中化学教学的实践与体会［J］．中学教育，2002（3）：27，45 - 46.

[28] 徐晓萱．核心素养导向的初中化学 HPS 教学设计与实践研究［D］．济南：山东师范大学，2023.

[29] 彭凤芹．基于情境问题解决的初中化学教学个案研究：以 Z 市 S 初级中学初三化学教学为例［D］．扬州：扬州大学，2023.

[30] 张安红．基于初中化学学科核心素养的真实情境下问题教学策略［C］//新课程研究杂志社．《"双减"政策下的课程与教学改革探索》第十五

辑，2022：50 – 51.

　　［31］吕念. 初中化学实验教学中培养学生实践能力的策略［J］. 亚太教育，2022（11）：103 – 105.

　　［32］符爱琴，周晓燕. 初中化学微项目化学习课程的构建研究：以项目"皮蛋的制作"为例［J］. 化学教学，2022（1）：32 – 37.